reinhardt

Inghard Langer
Friedemann Schulz von Thun
Reinhard Tausch

Sich verständlich ausdrücken

11. Auflage

Ernst Reinhardt Verlag München

Prof. Dr. *Inghard Langer* (1943–2013) lehrte bis 2008 Psychologie an der Universität Hamburg mit den Schwerpunkten Persönlichkeitsförderung, Sprach- und Kommunikationspsychologie.

Prof. Dr. Dr. h.c. *Friedemann Schulz von Thun* (Jahrgang 1944) lehrte Kommunikationspsychologie als Professor an der Universität Hamburg von 1975–2009. Seither Leiter des Schulz von Thun Institut für Kommunikation, Rothenbaumchaussee 20, 20148 Hamburg, www.schulz-von-thun.de

Prof. Dr. *Reinhard Tausch* (1921–2013) war Professor für Psychologie an der Universität Hamburg. Er galt als Wegbereiter der Gesprächspsychotherapie in Deutschland und hat die klientenzentrierte Psychotherapie hierzulande bekannt gemacht.

Bibliografische Information der Deutschen Bibliothek

Die Deutsche Bibliothek verzeichnet diese Publikation in der Deutschen Nationalbibliografie; detaillierte bibliografische Daten sind im Internet über <http://dnb.ddb.de> abrufbar.
ISBN 978-3-497-02532-9 (Print)
ISBN 978-3-497-61133-1 (PDF-E-Book)
ISBN 978-3-497-61134-8 (EPUB)
11. Auflage

Printed in EU
Covermotiv: © julien tromeur – Fotolia.com
Satz: ew print & medien service gmbh, Würzburg

Ernst Reinhardt Verlag, Kemnatenstr. 46, D-80639 München
Net: www.reinhardt-verlag.de E-Mail: info@reinhardt-verlag.de

Inhalt

Vorwort

Wir hoffen sehr, dass der Tag nicht fern ist, an dem eine einfache, geordnete, kurz-prägnante und anregende Gestaltung von Texten und Reden Einzug in unseren tagtäglichen Umgang mit Informationen findet, beruflich wie privat, und insbesondere in den Schulunterricht, in Fachhochschulen und Universitäten. Nicht zu vergessen dabei die persönlichen inneren Haltungen, die für jegliche nachhaltig wirksame sprachliche Mitteilung unerlässlich sind: den Lesern, Hörern und sich selbst gegenüber achtungsvoll, einfühlsam und aufrichtig sein.

Eines Tages werden Textautoren, Lehrer, Professoren, Techniker und Politiker es kaum noch wagen, sich kompliziert auszudrücken. Denn Leser bzw. Hörer werden es sich nicht mehr bieten lassen, unnötig kompliziert informiert zu werden, weil sie wissen, dass Text- und Reden-Gestalter sie nachlässig behandeln, sie gar missachten oder sich nicht die Mühe machen zu lernen, sich verständlich auszudrücken.

Dass dieses Buch entstand, verdanken wir der guten persönlichen und wissenschaftlichen Zusammenarbeit. Nicht nur von uns drei Autoren, sondern auch von Diplomanden und Doktoranden der Psychologie; und schließlich auch von vielen an den Untersuchungen beteiligten Personen, die die Texte lasen und sich bereit fanden, ihre Behaltensleistungen anschließend prüfen zu lassen.

Vor 30 Jahren haben wir die ersten Forschungsergebnisse als Grundlage dieses Buches zur Verständlichkeit veröffentlicht. Jetzt liegt die 8. Auflage vor Ihnen, auf dem Weg dahin mehrfach verbessert und ergänzt.

Allen Darlegungen zur Verständlichkeit in diesem Buch, haben wir in zahlreichen Forschungsarbeiten wissenschaftlich überprüft.

Die Bedeutung von verständlichen Texten und Reden ist sehr groß. Millionen von Schülern, Studierenden, Millionen von Menschen in der Arbeit und im Privatleben müssen unnötig viel Zeit aufwenden und werden häufig verdrossen, weil die Schreiber vieler Texte, Lehrbücher, Gebrauchsanweisungen, von Gesetzen oder von Reden der Politiker sich nicht verständlich ausdrücken. Viele Millionen Menschen erleiden Nachteile, weil sie die kompliziert gehaltenen Texte/Reden nicht oder nur teilweise verstehen. So hatten wir Autoren selbst Schwierigkeiten, die Bekanntmachungen zur neuen Teilzeitarbeit oder zum Mietrecht zu verstehen (siehe S. 108ff).

Persönliche, innere Haltungen spielen beim Schreiben von Texten und Reden eine wichtige Rolle. Entscheidend sind Achtung und Wertschätzung des Lesers/Hörers, die Einfühlung in seine Situation und seine möglichen Schwierigkeiten mit den zu vermittelnden Sachverhalten sowie die Aufrichtigkeit im Umgang mit den Anliegen und Zielen in den Texten/Reden.

Viele Menschen halten sich für dumm und unintelligent, angesichts einer Fülle an Texten, die sie nicht verstehen können. Sie wissen nicht, dass vielfach Nachlässigkeit, Rücksichtslosigkeit oder Unfähigkeit der Texteschreiber dahinter stehen. Andere wiederum werden von kompliziert gehaltenen Texten/Reden zu sehr beeindruckt. Der Nobelpreisträger in Physik, Albert Einstein, beschrieb dies folgendermaßen: „Die meisten Menschen haben einen heiligen Respekt vor Worten, die sie nicht begreifen können; und betrachten es als ein Zeichen der Oberflächlichkeit eines Autors, wenn sie ihn begreifen können."

Noch eine andere ungünstige Folge: Schwer verständliche Texte und Reden beeinträchtigen die Klarheit des Denkens, sowohl bei dem Schreibenden als auch bei dem Lesenden. Dies ist sehr wichtig: Schreiben wir schwer verständliche Texte oder lesen wir sie, dann haben wir mit vielen Hindernissen zu kämpfen im Verstehen des Textes und sind eingeschränkt in der Beurteilung, ob der dargestellte Sachverhalt richtig oder fehlerhaft ist.

Das vorliegenden Buch kann dazu verhelfen, die Fähigkeiten zum verständlichen Schreiben/Reden wirksam zu steigern. In seinem Mittelpunkt steht ein Trainingsprogramm, mit dem – wissenschaftlich nachgewiesen – deutliche Fortschritte erzielt wurden. Wesentliche Lernelemente darin sind:

- Beschreibungen, worauf es bei der verständlichen Textgestaltung ankommt.
- Beispieltexte ansehen, sowohl misslungene als auch gelungene.
- Beurteilung von Beispieltexten: Was konkret ist an ihnen gelungen bzw. misslungen?
- Gelungene Texte (als Vorbilder) studieren und sich ihre Gestaltungsart einprägen.
- Weniger gelungene Textpassagen umschreiben und verständlicher gestalten.

Wir empfehlen zur Verbesserung des eigenen Stils von Texten und Reden, sich von Lesern und Hörern so oft wie möglich Rückmeldung geben zu lassen. Mit ihren Hinweisen können selbst gelungene Texte/Reden in ihrer Verständlichkeit noch mannigfaltig verbessert werden.

Inghard Langer
Friedemann Schulz von Thun
Reinhard Tausch

Teil I

Grundlagen und Übungen

Einleitung: „Das habe ich nicht verstanden“

Was hat uns veranlasst, dieses Buch zu schreiben? Ein wichtiger Grund war: Uns selbst fiel es oft schwer, Sachbücher und Sachtexte richtig zu verstehen. Viele Stunden haben wir uns vergeblich bemüht, komplizierte Darstellungen zu begreifen. Oft waren wir verzweifelt und entmutigt. Einer von uns – Reinhard Tausch – erlebte besonders eindringlich die schlechte Verständlichkeit von Schulbüchern: „Es war für mich ein Schlüsselerlebnis. Meine eigenen Kinder baten mich des Öfteren bei ihren Schularbeiten um Hilfe, in Erdkunde, Physik, Geschichte oder Fremdsprachen. Aber auch ich konnte ihre Schulbücher nicht verstehen. Ich konnte ihnen anhand ihrer Lehrtexte z. B. nicht erklären, was es mit den Strahlengesetzen oder der Mondfinsternis auf sich hatte – obwohl ich Professor an einer Universität war.“

Ein zweiter wichtiger Grund für unser Buch: Wir hatten oft in Schulen beobachtet, dass ein Teil der Lehrer sich ziemlich unverständlich ausdrückte – auch bei einfachen Informationsinhalten. Daraus ergaben sich viele Schwierigkeiten zwischen Lehrern und Schülern. Die Schüler erreichten nur geringe Leistungen und waren – ebenso wie ihre Lehrer – unzufrieden mit dem Unterricht. Da nützte es auch nichts, wenn ein Lehrer freundlich und hilfsbereit war und sich den Schülern gegenüber partnerschaftlich verhielt – das konnte seine Schwerverständlichkeit nicht ausgleichen. Mancher Lehrer drohte zu scheitern, nur weil er nicht geübt war, sich verständlich auszudrücken.

Und drittens: Auch außerhalb von Schule und Hochschule gibt es oft Gelegenheit, zu sagen: „Das habe ich nicht verstanden.“ Denn vieles Wichtige wird geschrieben und gesprochen: von der Arbeitsplatzbeschreibung bis zur Zukunftsplanung, über Neuigkeiten in der Welt, Beschreibungen von Vorgängen, Erklärungen von Sachverhalten, Regelungen von Rechten und Pflichten. All dies zu einer Fülle von Gebieten: Politik, Wirtschaft, Wissenschaft, Technik, Hygiene, Recht, Zusammenleben. Bücher, Zeitungen, Zeitschriften, Formulare, Protokolle, Prospekte, Broschüren sind voll davon.

Jeder Bürger muss viel lesen und verstehen, um sachkundig handeln zu können. Aber das wird ihm nicht leicht gemacht. Er muss sich hindurchbeißen durch verschachtelte Satzkonstruktionen und durch unnötig komplizierte Wörter und Wortgebilde. Er muss verworrene Gedankengänge der Autoren mitmachen und ihnen bei den Irrfahrten weitschweifiger und umständlicher Erklärungen folgen. Hier stöhnt fast jeder. Viele bleiben auf der Strecke. Etliche geben es ganz auf, sich zu informieren.

Das ist schade; denn wer sich unzureichend informiert, wird leicht benachteiligt – in materieller Hinsicht und in der Nutzung von Rechten. Hunderttausende von Arbeitnehmern z. B. lassen sich größere Geldbeträge entgehen, wenn es um den Lohnsteuerjahresausgleich oder das prämienbegünstigte Sparen geht. Die Antragsformulare und die Erläuterungen dazu sind zu schwer verständlich. Sie schrecken viele ganz ab und verhindern bei anderen – weil nur Teile verstanden werden – die volle Nutzung gesetzlich geschaffener Vorteile.

Denken wir weiterhin an Schulbücher, Hochschultexte, Fernlehrkurse, behördliche Verordnungen, Politik- oder Wirtschaftsteile anspruchsvoller Zeitungen, an die Verkündung neuer Ideen über Staat und Gesellschaft, an Gebrauchsanweisungen für Haushaltsgeräte – dann steht uns das Problem in seiner ganzen Bedeutung plastisch vor Augen: die Schwerverständlichkeit von Texten.

Warum sind viele Texte so schwer zu verstehen?

Früher glaubten wir, unsere Verständnisschwierigkeiten lägen an uns selbst – an unserer mangelnden Begabung, komplizierte Sachverhalte zu begreifen. Oft hörten wir auch das Argument: „Der Grund für Schwerverständlichkeit liegt in der Sache. Schwierige Dinge lassen sich eben nicht einfach erklären."

Als wir uns aber näher mit dem Problem der Verständlichkeit befassten, gewannen wir allmählich einen anderen Eindruck. Heute ist unsere Auffassung: Wenn ein Text schwer zu verstehen ist, so liegt das in den wenigsten Fällen an seinem Inhalt. Der Inhalt ist meistens gar nicht so kompliziert. Er wird erst kompliziert gemacht – durch eine schwer verständliche Ausdrucksweise. Und auch wirklich schwierige Sachverhalte lassen sich bei einigem Bemühen oft mit einfachen Worten verständlich erklären. Schwerverständlichkeit beruht weniger auf dem Was, sondern auf dem Wie, nicht auf dem Inhalt, sondern auf der Form eines Textes.

Warum drücken sich viele so schwer verständlich aus?

Manchen ist das Problem gar nicht bewusst. Sie schreiben darauflos, wie ihnen die Sätze und Worte einfallen, wie ihnen „der Schnabel gewachsen ist". Sie berücksichtigen nicht, wie ihre Ausdrucksweise beim Leser ankommt.

Andere Schreiber oder Redner streben absichtlich Schwerverständlichkeit an. Sie glauben, ein schwer zu verstehender Text mache mehr Eindruck und erwecke Ehrfurcht und Achtung beim Leser oder Zuhörer. Indem sie sich schwer verständlich ausdrücken, wollen sie sich als Personen mit großen geistigen Fähigkeiten darstellen. Wir hoffen, dass in Zukunft eine solche Textgestaltung keine Ehrfurcht mehr erweckt, sondern den Eindruck: Dieser Autor ist ziemlich rücksichtslos oder unfähig, sich in seine Leser und Zuhörer hineinzuversetzen. Wir hoffen, dass Leser und Zuhörer künftig nicht mehr bereit sind, diese Art des Schreibens und Redens hinzunehmen, dass sie es vielmehr leid sind, unnötig und zusätzlich zu arbeiten, um einen Text zu „entschlüsseln“.

Wieder andere Schreiber oder Redner drücken sich absichtlich schwer verständlich aus, weil sie ihre Leser oder Zuhörer in Unwissenheit belassen wollen, z. B. um sie zu übervorteilen. So ist das Kleingedruckte in manchen Verträgen auch „kleinverständlich“. Wir finden es wichtig, dass Leser und Hörer erkennen: Mangelnde Verständlichkeit dient möglicherweise dazu, ungerechte Vorteile zu tarnen.

Den Hauptgrund für Schwerverständlichkeit sehen wir jedoch darin: Die meisten wissen gar nicht, wie man sich verständlich ausdrückt. Sie haben es nicht gelernt. In der Schule z. B. wird dies ja kaum behandelt.

Wollen Sie lernen, sich verständlich auszudrücken?

„Natürlich“, werden Sie denken, „darum lese ich ja dieses Buch!“ Trotzdem bitten wir Sie, dass Sie sich folgende Fragen einmal überlegen. Denn nur, wenn Sie die Fragen bejahen können, werden Sie einen Gewinn von diesem Buch haben:

Achte ich die Zeit und die Arbeitskraft meiner Leser, Hörer oder Schüler? Schätze ich sie als ebenso wertvoll ein wie meine eigene? Bin ich wirklich besorgt darum, anderen nicht zusätzliche Mühen aufzubürden durch Schwerverständlichkeit?

Versuche ich, mich in meine Leser und Hörer hineinzuversetzen? Wie ist ihre Situation, welche Erfahrungen haben sie, was fällt ihnen schwer, was brauchen sie?

Wenn meine Leser und Hörer mich nicht verstehen – bin ich bereit, die Gründe dafür zunächst bei mir selbst zu suchen?

Kann ich ehrlich zu mir selbst sagen, dass ich mich vielleicht nicht intensiv genug um Verständlichkeit bemüht habe?

Wenn Sie Fachtexte für bestimmte Gruppen schreiben, z. B. als Wissenschaftler, so kann noch Folgendes wichtig sein:

Habe ich genug Selbstbewusstsein, meine Ideen, Auffassungen und Schlussfolgerungen einfach und bescheiden darzustellen, ohne sie hinter einer imponierenden Fassade von Schwerverständlichkeit zu verstecken?

Habe ich genug Mut und Selbstbewusstsein, es zu ertragen, wenn ich auf Grund meiner leicht verständlichen Texte von einigen Kollegen als weniger kompetent angesehen werde?

Können Sie es lernen, sich verständlicher auszudrücken?

Ja. Wenn Sie den Wunsch haben, dass Ihre schriftlichen oder mündlichen Informationstexte künftig besser zu verstehen sind, so können Sie mit Hilfe dieses Buches Ihr Ziel erreichen. Es bietet Ihnen wissenschaftlich fundierte und praktisch erprobte Antworten auf folgende Fragen:

Was ist überhaupt „Verständlichkeit"? Worin unterscheiden sich leicht verständliche von schwer verständlichen Texten?

Wie lernt man, sich verständlich auszudrücken?

Was ist – neben einer verständlichen Ausdrucksweise – bei der Informationsvermittlung noch zu bedenken?

Welche wissenschaftlichen Untersuchungen gibt es, die unsere Theorie der Verständlichkeit abstützen?

Möchten Sie vorausschauen?

Vielleicht sind sie neugierig, wie kompliziert Vertragstexte, Gesetzestexte, Schulbuchtexte sind und wie viel verständlicher und leichter leserlich sie gestaltet werden können. Dann blättern Sie doch einfach in der Beispielsammlung, S. 95–143.

Was ist Verständlichkeit?

Was zeichnet einen verständlichen Text aus? Durch welche Merkmale lässt er sich charakterisieren?

Bitte überlegen Sie zunächst selbst einmal. Lesen Sie dazu die folgenden beiden Texte. Sie enthalten die gleiche Information, unterscheiden sich jedoch stark in der Art der Darstellung. Es handelt sich um ein Beispiel aus der Straßenverkehrs-Zulassungsordnung.

Text A

§ 57 StVZO: „Die Anzeige der Geschwindigkeitsmesser darf vom Sollwert abweichen in den letzten beiden Dritteln des Anzeigebereiches – jedoch mindestens von der 50 km/st-Anzeige ab, wenn die letzten beiden Drittel des Anzeigebereiches oberhalb der 50 km/st-Grenze liegen –0 bis +7 vom Hundert des Skalenendwertes; bei Geschwindigkeiten von 20 km/st und darüber darf die Anzeige den Sollwert nicht unterschreiten."

Text B

§ 57 Straßenverkehrs-Zulassungsordnung: Um wie viel Prozent darf eine Tachometeranzeige von der tatsächlich gefahrenen Geschwindigkeit abweichen?

1. Für den Bereich von 0 bis 20 km/st bestehen keine Vorschriften.
2. Ab 20 km/st darf der Tachometer nicht *weniger* anzeigen.
3. Für Tachometer, deren Skala bis 150 km/st reicht, gilt: Sie dürfen in den beiden letzten Dritteln des Anzeigebereiches höchstens 7 % ihres Skalenendwertes *mehr* anzeigen.
   Beispiel: Ein Tachometer reicht bis 120 km/st. Von 40 bis 120 km/st darf er höchstens 7 % von 120 km/st (= 8,4 km/st) zu viel anzeigen.
4. Wenn der Tachometer über 150 km/st reicht, beginnt die 7 %-Regelung schon ab 50 km/st.

Bitte charakterisieren Sie nun stichwortartig diese beiden Texte, so wie sie auf Sie gewirkt haben:

Text A hat folgende Eigenschaften:

✎

Text B hat folgende Eigenschaften:

✎

Bitte sehen Sie sich nun die Wortliste an. Sie stammt von anderen Beurteilern. Sie werden Ähnlichkeiten mit ihrer Eigenschaftsliste bemerken:

Text A	Text B
kompliziert im Satzbau	einfache Sätze
ungeläufige Wörter	geläufige Wörter
unanschaulich	etwas länger
kurz	gut gegliedert
ungegliedert	mit Beispiel
holprig	kurze Sätze
verschachtelt	flüssig
lange Sätze	anregend
ohne Beispiel	übersichtlich
ungruppiert	gruppiert

Diese Listen ließen sich ohne weiteres noch verlängern. Aber bald würden Sie feststellen: Viele Eigenschaften besagen etwas Ähnliches – z. B. „gegliedert“ und „gruppiert“.

Wir haben darum die ähnlichen Eigenschaften zu vier größeren Komplexen zusammengefasst. Diese Komplexe nennen wir von nun an die

Merkmale der Verständlichkeit

1. Einfachheit
2. Gliederung/Ordnung
3. Kürze/Prägnanz
4. Anregende Zusätze.

Sie werden nun ausführlich erläutert.

Einfachheit

Einfachheit bezieht sich auf die Wortwahl und den Satzbau, also auf die sprachliche Formulierung: geläufige, anschauliche Wörter sind zu kurzen, einfachen Sätzen zusammengefügt. Treten schwierige Wörter auf (Fremdwörter, Fachausdrücke), so werden sie erklärt. Dabei kann der dargestellte Sachverhalt selbst einfach oder schwierig sein – es geht nur um die Art der Darstellung.

Das folgende *Merkmalsbild* zeigt in übersichtlicher Form, welche einzelnen Eigenschaften das Merkmal „Einfachheit" umfasst. Es enthält auch das Gegenteil von Einfachheit: Kompliziertheit. Was die Plus- und Minuszeichen bedeuten, erklären wir später.

Einfachheit	++	+	0	–	– –	Kompliziertheit
einfache Darstellung						komplizierte Darstellung
kurze, einfache Sätze						lange, verschachtelte Sätze
geläufige Wörter						ungeläufige Wörter
Fachwörter erklärt						Fachwörter nicht erklärt
konkret						abstrakt
anschaulich						unanschaulich

Ein Beispiel für Einfachheit

Die folgenden beiden Texte „Was ist Raub“ unterscheiden sich wesentlich in ihrer Einfachheit, dagegen kaum in den drei anderen Merkmalen der Verständlichkeit.

Was ist Raub?

Komplizierte Fassung
„Raub ist dasjenige Delikt, das jemand durch Entwendung eines ihm nicht gehörenden Gegenstandes unter Anwendung von Gewalt oder von Drohungen gegenüber einer anderen Person begeht, sofern die Intention der rechtswidrigen Aneignung besteht.“

Einfache Fassung
„Jemand nimmt einem anderen etwas weg. Er will es behalten. Aber es gehört ihm nicht. Beim Wegnehmen wendet er Gewalt an oder droht dem Anderen, dass er ihm etwas Schlimmes antun werde. Dieses Verbrechen heißt Raub.“

Gliederung/Ordnung

Dieses Merkmal bezieht sich auf die innere Ordnung und die äußere Gliederung eines Textes.

Innere Ordnung: Die Sätze stehen nicht beziehungslos nebeneinander, sondern sind folgerichtig aufeinander bezogen. Die Informationen werden in einer sinnvollen Reihenfolge dargeboten.

Äußere Gliederung: Der Aufbau des Textes wird sichtbar gemacht. Zusammengehörige Teile sind übersichtlich gruppiert, z. B. durch überschriftete Absätze. Vor- und Zwischenbemerkungen gliedern den Text. Wesentliches wird von weniger Wichtigem sichtbar unterschieden, z. B. durch Hervorhebungen oder durch Zusammenfassungen.

Gliederung/Ordnung	++ + 0 – ––	Ungegliedertheit, Zusammenhangslosigkeit
gegliedert		ungegliedert
folgerichtig		zusammenhangslos, wirr
übersichtlich		unübersichtlich
gute Unterscheidung von Wesentlichem und Unwesentlichem		schlechte Unterscheidung von Wesentlichem und Unwesentlichem
der rote Faden bleibt sichtbar		man verliert oft den roten Faden
alles kommt schön der Reihe nach		alles geht durcheinander

Hervorhebungen sind in diesem Buch **fett** oder *kursiv* gedruckt oder farblich abgesetzt. Bei Schreibmaschinenschrift oder bei Handschrift empfehlen sich: Unterstreichungen, gesperrt schreiben oder Verwendung von Großbuchstaben. Das Merkmal Gliederung/Ordnung fasst sowohl die innere Ordnung als auch die äußere Gliederung zusammen. Denn beide bewirken, dass der Leser oder Zuhörer sich zurechtfindet und die Zusammenhänge sieht.

Ein Beispiel für Gliederung/Ordnung

Was ist Raub?

Ungeordnete Fassung

„Jemand wendet gegen einen anderen Gewalt an. Das ist Raub, es gehört ihm nämlich nicht. Er will es für sich behalten, was er ihm wegnimmt. Zum Beispiel ein Bankräuber, der dem Angestellten mit der Pistole droht. Auch wenn man jemandem droht, dass man ihm etwas Schlimmes antun will, ist es Raub."

Gegliederte Fassung

„Raub ist ein Verbrechen: Jemand nimmt einem anderen etwas weg, was ihm nicht gehört. Er will es behalten. Dabei wendet er Gewalt an oder droht dem Anderen etwas Schlimmes an. Drei Dinge sind wichtig:

1. etwas wegnehmen, was einem nicht gehört
2. es behalten wollen
3. Gewalt oder Drohung

Beispiel: Ein Bankräuber droht dem Angestellten mit der Pistole und nimmt sich das Geld."

Sie sehen: In der ersten Fassung „geht alles durcheinander", in der zweiten Fassung ist „alles schön geordnet" und das Wesentliche hervorgehoben. Schon bei diesen ziemlich kurzen Texten erhöht Gliederung/Ordnung spürbar die Verständlichkeit. Noch wichtiger ist dieses Merkmal bei längeren Texten. Denn je länger der Text, desto leichter kann man die Übersicht verlieren.

Kürze/Prägnanz

Bei diesem Merkmal geht es um die Frage: Steht die Länge des Textes in einem angemessenen Verhältnis zum Informationsziel? Eine knappe, gedrängte Ausdrucksweise ist das eine Extrem, eine ausführliche und weitschweifige das andere. Solche Weitschweifigkeit beruht z. B. auf: Darstellung unnötiger Einzelheiten, überflüssige Erläuterungen, breites Ausholen, Abschweifen vom Thema, umständliche Ausdrucksweise, Wiederholungen, Füllwörter und leere Phrasen.

Kürze/Prägnanz	++ + 0 – ––	Weitschweifigkeit
kurz		zu lang
aufs Wesentliche beschränkt		viel Unwesentliches
gedrängt		breit
aufs Lehrziel konzentriert		abschweifend
knapp		ausführlich
jedes Wort ist notwendig		vieles hätte man weglassen können

Ein Beispiel für Kürze/Prägnanz

Was ist Raub?

Weitschweifige Fassung
„Ja, Raub, das darf man nicht machen. Raub ist ein verbotenes Verbrechen. Man darf es nicht mit Diebstahl verwechseln. Diebstahl ist zwar auch ein Verbrechen, aber Raub ist doch noch etwas anderes. Angenommen, jemand raubt etwas. Was heißt das? Das heißt: Er nimmt einem anderen etwas weg, was ihm nicht gehört, um es für sich zu behalten. Das ist natürlich nicht erlaubt. Jetzt muss aber noch etwas hinzukommen: Während der Verbrecher die Sache wegnimmt, wendet er Gewalt an gegenüber dem Anderen, zum Beispiel: er wirft ihn einfach zu Boden – oder er schlägt ihn bewusstlos, dass er sich nicht mehr wehren kann. Es kann aber auch sein, dass er nur droht, dem Anderen etwas anzutun. Auch dann ist es Raub, und der Mann (oder die Frau) wird wegen Raubes bestraft."

Kurz-prägnante Fassung
„Ein Verbrechen. Wer einem anderen etwas wegnimmt, was ihm nicht gehört, um es zu behalten, begeht Raub. Hinzukommen muss, dass er dabei gegen den anderen Gewalt anwendet oder ihn bedroht."

Anregende Zusätze

Dieses Merkmal bezieht sich auf anregende „Zutaten“, mit denen ein Schreiber oder Redner bei seinem Publikum Interesse, Anteilnahme, Lust am Lesen oder Zuhören hervorrufen will. Zum Beispiel: Ausrufe, wörtliche Rede, rhetorische Fragen zum „Mitdenken“, lebensnahe Beispiele, direktes Ansprechen des Lesers, Auftretenlassen von Menschen, Reizwörter, witzige Formulierungen, Einbettung der Information in eine Geschichte.

Anregende Zusätze	++ + 0 – ––	Keine Anregenden Zusätze
anregend		nüchtern
interessant		farblos
abwechslungsreich		gleichbleibend neutral
persönlich		unpersönlich

Ein Beispiel für Anregende Zusätze

Was ist Raub?

Nichtanregende Fassung

„Jemand nimmt einem anderen etwas weg. Er will es behalten, obwohl es ihm nicht gehört. Beim Wegnehmen wendet er Gewalt an oder er droht dem Anderen, dass er ihm etwas Schlimmes antun werde. Dieses Verhalten (Wegnehmen mit Gewalt oder Drohung) heißt Raub. Raub wird mit Gefängnis oder Zuchthaus bestraft.“

Anregende Fassung

„Nimm an, du hast keinen Pfennig Geld in der Tasche. Aber was ist das? Da geht eine alte Dame mit ihrer Handtasche über die Straße. Du überlegst nicht lange: ein kräftiger Schlag auf den Arm, und schon bist du mit der Tasche auf und davon. ‚Haltet den Dieb!‘, ruft die Dame, weil sie es nicht besser weiß. Richtiger müsste sie rufen: ‚Haltet den Räuber!‘, denn wenn man dabei Gewalt anwendet oder Drohungen ausstößt, dann ist es *Raub*.
Und wie endet die Geschichte? Nun, meistens endet sie im Knast.“

Die Beziehungen zwischen den vier Merkmalen

Diese vier Merkmale sind ziemlich unabhängig voneinander. Ist ein Text z.B. einfach, so sagt das noch nichts über die anderen Merkmale aus. Er kann z.B. gut gegliedert und sehr weitschweifig oder ungegliedert und sehr kurz sein usw.

Nicht vollständig unabhängig voneinander sind die Merkmale Kürze/Prägnanz und Anregende Zusätze. Denn Anregende Zusätze verlängern den Text. Der Sprecher oder Schreiber befindet sich in einem Konflikt: Kürze oder Anregung? Ein Ausweg ist: Die Anregenden Zusätze sind selbst kurz sowie ganz auf das Informationsziel ausgerichtet.

Was gehört zu welchem Merkmal?

Wir stellen Ihnen jetzt eine Aufgabe. Sie können damit überprüfen, ob Ihnen die Bedeutung der vier Merkmale ganz klar geworden ist. Bitte betrachten Sie die folgende Liste! Jede Eigenschaft in dieser Liste gehört zu einem der vier Merkmale. Aber zu welchem? Das herauszufinden ist Ihre Aufgabe.

Das Beispiel am Anfang der Liste zeigt Ihnen, wie Sie es machen sollen: Die Eigenschaft „Viele Fremdwörter" charakterisiert in negativer Weise das Merkmal „Einfachheit". Denn Fremdwörter sind ungeläufige Wörter, Einfachheit ist aber durch „geläufige Wörter" gekennzeichnet. Darum steht hinter „Viele Fremdwörter" die Ergänzung „Einfachheit –". Machen Sie es nun ebenso für die übrigen Eigenschaften:

Schreiben Sie hinter jede das Merkmal, zu dem sie gehört.

Geben Sie durch „+" oder „–" an, ob eine Aussage ein Merkmal in positiver oder negativer Weise charakterisiert.

Vergleichen Sie dann mit den richtigen Zuordnungen auf der nächsten Seite.

Eigenschaft	gehört zum Merkmal
Beispiel: Viele Fremdwörter	*Einfachheit* –
1. Wichtige Sachen sind gut hervorgehoben.	
2. In dem Text sind kurze, anregende Vergleiche.	
3. In dem Text geht alles durcheinander.	
4. Sehr abstrakt.	
5. Nichts ist überflüssig.	
6. Der Rote Faden bleibt immer sichtbar.	
7. Man langweilt sich beim Lesen.	
8. Das hätte man kürzer bringen können.	
9. Im Text sind kurze Beispiele.	
10. Der Autor weicht nie vom Thema ab.	
11. Der Leser kann jeden Satz gut verstehen.	
12. Man weiß nicht, was man sich einprägen soll.	
13. Der Text enthält wörtliche Rede.	
14. Viele Nebensätze.	
15. Alles kommt schön der Reihe nach.	
16. Manches hätte man weglassen können.	
17. Viele Fachausdrücke.	
18. Viele Füllwörter.	
19. Komplizierter Satzbau.	
20. Manchmal weiß man nicht, wie das in den Zusammenhang passt.	

Richtige Zuordnungen

Hier die „Auflösung“. Wenn Sie mehrere Fehler gemacht haben, lesen Sie bitte noch einmal die Beschreibungen der Merkmale ab Seite 16 durch.

Eigenschaft	**gehört zum Merkmal**	
Beispiel: Viele Fremdwörter	*Einfachheit*	–
1. Wichtige Sachen sind gut hervorgehoben.	Gliederung/Ordnung	+
2. In dem Text sind kurze, anregende Vergleiche.	Anregende Zusätze	+
3. In dem Text geht alles durcheinander.	Gliederung/Ordnung	–
4. Sehr abstrakt.	Einfachheit	–
5. Nichts ist überflüssig.	Kürze/Prägnanz	+
6. Der Rote Faden bleibt immer sichtbar.	Gliederung/Ordnung	+
7. Man langweilt sich beim Lesen.	Anregende Zusätze	–
8. Das hätte man kürzer bringen können.	Kürze/Prägnanz	–
9. Im Text sind kurze Beispiele.	Anregende Zusätze	+
10. Der Autor weicht nie vom Thema ab.	Kürze/Prägnanz	+
11. Der Leser kann jeden Satz gut verstehen.	Einfachheit	+
12. Man weiß nicht, was man sich einprägen soll.	Gliederung/Ordnung	–
13. Der Text enthält wörtliche Rede.	Anregende Zusätze	+
14. Viele Nebensätze.	Einfachheit	–
15. Alles kommt schön der Reihe nach.	Gliederung/Ordnung	+
16. Manches hätte man weglassen können.	Kürze/Prägnanz	–
17. Viele Fachausdrücke.	Einfachheit	–
18. Viele Füllwörter.	Kürze/Prägnanz	–
19. Komplizierter Satzbau.	Einfachheit	–
20. Manchmal weiß man nicht, wie das in den Zusammenhang passt.	Gliederung/Ordnung	–

Die Beurteilung der Verständlichkeit

Häufig werden Sie im Folgenden aufgefordert werden zu beurteilen: Wie verständlich ist dieser oder jener Text? Sie werden dann untersuchen, wie stark die vier Merkmale der Verständlichkeit bei einem Text ausgeprägt sind. Das Ergebnis Ihrer Untersuchung halten Sie bitte fest mit Hilfe der Plus- und Minus-Zeichen, die Sie in den Merkmalsbildern gesehen haben. Dabei gelten folgende Regeln:

++ heißt: Alle oder fast alle Eigenschaften, die zu einem Merkmal gehören, sind deutlich vorhanden. (Zum Beispiel bei Einfachheit: Der Text besteht aus einfach gebauten Sätzen, er enthält nur geläufige Wörter und ist in einer konkreten, anschaulichen Sprache geschrieben.)

\+ heißt: Die Eigenschaften sind nicht ganz so deutlich oder nur teilweise vorhanden.

0 heißt: Neutrale Mitte. Die Eigenschaften auf der linken und rechten Seite des Merkmalsbildes sind gleich stark vorhanden.

– heißt: Die Eigenschaften der rechten Seite überwiegen.

– – heißt: Alle oder fast alle Eigenschaften der rechten Seite sind deutlich ausgeprägt. (Zum Beispiel bei Einfachheit: lange, verschachtelte Sätze – mehrere ungeläufige, nicht erklärte Wörter – abstrakt, unanschaulich.)

Eintragung in ein Beurteilungsfenster

Bitte tragen Sie nach der Beurteilung eines Textes Ihre Urteile in ein „Beurteilungsfenster“ ein. Es hat folgende Form:

Einfachheit	Gliederung/Ordnung
Kürze/Prägnanz	Anregende Zusätze

Ein Beispiel: Sie haben einen Text folgendermaßen beurteilt: Einfachheit +, Gliederung/Ordnung –, Kürze/Prägnanz 0, Anregende Zusätze – –. Sie tragen diese Werte dann so in das Beurteilungsfenster ein

Einfachheit +	Gliederung/Ordnung –
0 Kürze/Prägnanz	– – Anregende Zusätze

Solche Beurteilungsfenster kommen in diesem Buch häufig vor. Später werden sie Ihnen auf Anhieb etwas über einen Text sagen.

Optimal verständliche Texte

Was lässt sich anhand eines Beurteilungsfensters über die Verständlichkeit eines Textes aussagen? Sind alle vier Werte gleich wichtig? Und wo liegt für jedes Merkmal das Optimum, also das günstigste Urteil für Verständlichkeit?

Einfachheit ist am wichtigsten. Ein komplizierter Text ist immer schlecht verständlich. Optimum: + +.

Gliederung/Ordnung ist ebenfalls sehr wichtig. Besonders bei Texten, denen nicht schon aufgrund ihres Inhaltes ein klarer Aufbau vorgezeichnet ist. Optimum: + +.

Kürze/Prägnanz: Extrem knappe und gedrängte Texte (+ +) erschweren das Verständnis ebenso wie weitschweifende Texte (– – oder –). Das Optimum liegt daher mehr in der Mitte: im Bereich zwischen + und 0.

Anregende Zusätze: Das Optimum an Anregenden Zusätzen lässt sich nicht so einfach bestimmen. Es hängt ab von der Ausprägung der anderen Merkmale, vor allem von Gliederung/Ordnung. Ist ein Text gut gegliedert, so tragen Anregende Zusätze zum Verständnis und zur Lust am Lesen bei. Bei ungegliederten Texten wirken sie jedoch schädlich, indem sie die Verwirrung noch erhöhen. Zuviel Anregende Zusätze sind auch mit Kürze/Prägnanz unvereinbar. Optimum: – oder – – bei geringer Gliederung/Ordnung, 0 oder +, gelegentlich auch + + bei gleichzeitiger ausgeprägter Einfachheit, Gliederung/Ordnung und gewisser Kürze/Prägnanz.

Insgesamt: Ein optimal verständlicher Text ist also durch folgendes Beurteilungsfenster gekennzeichnet:

Einfachheit + +	Gliederung/Ordnung + +
0 oder + Kürze/Prägnanz	0 oder + Anregende Zusätze

Beurteilungsbeispiele

Sie wissen nun, wie Sie die Verständlichkeit von Texten beurteilen können. Ein Beispiel soll es noch klarer machen. Hier wieder der schon bekannte Text aus der Straßenverkehrs-Zulassungsordnung:

> § 57 StVZO: „Die Anzeige der Geschwindigkeitsmesser darf vom Sollwert abweichen in den letzten beiden Dritteln des Anzeigebereiches – jedoch mindestens von der 50-km/st-Anzeige ab, wenn die letzten beiden Drittel des Anzeigebereiches oberhalb der 50-km/st-Grenze liegen – 0 bis +7 vom Hundert des Skalenendwertes; bei Geschwindigkeiten von 20 km/st und darüber darf die Anzeige den Sollwert nicht unterschreiten."

Verständlichkeitsexperten beurteilen diesen Text so:

Einfachheit – –	Gliederung/Ordnung –
+ + Kürze/Prägnanz	– – Anregende Zusätze

Begründung

Einfachheit (– –): sehr komplizierter Satzbau und ungeläufige Wörter
Gliederung/Ordnung (–): keine übersichtliche äußere Gliederung, nur mäßig folgerichtige innere Ordnung
Kürze/Prägnanz (+ +): extrem knappe Formulierung, nur Wesentliches
Anregende Zusätze (– –): keine
Beurteilung der Verständlichkeit: Der Text ist sehr schlecht verständlich, vor allem wegen fehlender Einfachheit. Dazu kommt noch ein Mangel an äußerer Gliederung. Der Text zeigt auch: Extrem Kürze/Prägnanz schadet der Verständlichkeit.

§ 57 Straßenverkehrs-Zulassungsordnung: „Um wie viel Prozent darf eine Tachometeranzeige von der tatsächlich gefahrenen Geschwindigkeit abweichen?

1. Für den Bereich von 0 bis 20 km/st bestehen keine Vorschriften.
2. Ab 20 km/st darf der Tachometer nicht *weniger* anzeigen.
3. Für Tachometer, deren Skala bis 150 km/st reicht, gilt: Sie dürfen in den beiden letzten Dritteln des Anzeigebereiches höchstens um 7% ihres Skalenendwertes *mehr* anzeigen.
   Beispiel: Ein Tachometer reicht bis 120 km/st. Von 40 bis 120 km/st darf er höchstens 7% von 120 km/st (= 8,4 km/st) zu viel anzeigen.
4. Wenn der Tachometer über 150 km/st reicht, beginnt die 7%-Regelung schon ab 50 km/st."

Dieser Text erhielt folgende Beurteilung:

Einfachheit +	Gliederung/Ordnung + +
+ Kürze/Prägnanz	0 Anregende Zusätze

Begründung

Einfachheit (+): Der Text ist sehr viel einfacher geworden, er enthält jedoch noch einige ungeläufige Wörter (z. B. „Skalenendwert").

Gliederung/Ordnung (+ +): Der Text hat eine gute äußere Gliederung (z. B. Vorspann, der in das Thema einführt). Gute innere Folgerichtigkeit.

Kürze/Prägnanz (+): Der Text beschränkt sich ebenfalls auf das Wesentliche. Er ist jedoch etwas ausführlicher als Text A (hauptsächlich wegen des Beispiels).

Anregende Zusätze (0): Der Text enthält ein Beispiel. Deshalb erhält der Text „0" (= mittlere Ausprägung).

Beurteilung der Verständlichkeit: Alle Voraussetzungen für eine gute Verständlichkeit des Textes sind weitgehend erfüllt.

Beurteilungsfenster auswerten

Hier kommt wieder eine Aufgabe für Sie. Sie können damit überprüfen: Gelingt es Ihnen, die einzelnen Beurteilungen in einem Beurteilungsfenster zu einem Gesamturteil über die Verständlichkeit eines Textes zusammenzufassen? Fünf Texte a bis e – mit demselben Inhalt, aber unterschiedlich gestaltet – haben folgende Beurteilungen erhalten:

a)

Einfachheit – –	Gliederung/Ordnung +
+ Kürze/Prägnanz	0 Anregende Zusätze

b)

Einfachheit +	Gliederung/Ordnung + +
0 Kürze/Prägnanz	– – Anregende Zusätze

c)

Einfachheit +	Gliederung/Ordnung –
– Kürze/Prägnanz	+ Anregende Zusätze

d)

Einfachheit +	Gliederung/Ordnung –
0 Kürze/Prägnanz	– Anregende Zusätze

e)

Einfachheit +	Gliederung/Ordnung + +
0 Kürze/Prägnanz	0 Anregende Zusätze

Ihre Aufgabe: Ordnen Sie die Texte a bis e nach ihrer Verständlichkeit. Notieren Sie die Rangfolge. Auf der nächsten Seite finden Sie die Auflösung.

Auflösung: Text e ist der verständlichste. Die weitere Reihenfolge lautet: b, d, c, a. Wenn Ihre Reihenfolge anders aussieht, lesen Sie bitte noch einmal den Abschnitt S. 22ff. – Hier die Begründung für unsere Reihenfolge:

Warum steht Text e

Einfachheit	Gliederung/Ordnung
+	+ +
0	0
Kürze/Prägnanz	Anregende Zusätze

vor Text b?

Einfachheit	Gliederung/Ordnung
+	+ +
0	– –
Kürze/Prägnanz	Anregende Zusätze

Die beiden Texte unterscheiden sich nur in den Anregenden Zusätzen. Da Anregende Zusätze in Verbindung mit einfacher Darstellung (+), sehr guter Gliederung/Ordnung (+ +) und Kürze/Prägnanz (0) die Verständlichkeit eines Textes fördern, erhält Text e den 1. Rangplatz.

Warum steht Text d

Einfachheit	Gliederung/Ordnung
+	–
0	–
Kürze/Prägnanz	Anregende Zusätze

vor Text c?

Einfachheit	Gliederung/Ordnung
+	–
–	+
Kürze/Prägnanz	Anregende Zusätze

Text d ist in Kürze/Prägnanz besser, Text c erhielt zwar in Anregenden Zusätzen (+), in Gliederung/Ordnung und Kürze/Prägnanz aber nur (–). Wie Sie wissen, erschwert eine solche Kombination das Verständnis.

Warum steht Text a an letzter Stelle?

Einfachheit	Gliederung/Ordnung
– –	+
+	0
Kürze/Prägnanz	Anregende Zusätze

Text a erhielt in Einfachheit ein (– –). Für das Verständnis eines Textes ist dieses Merkmal von überragender Bedeutung. Deshalb erhielt Text a trotz guter Beurteilung in Gliederung/Ordnung und Kürze/Prägnanz den letzten Rangplatz.

Verständlich für wen?

Bisher haben wir so getan, als ob es bei der Beurteilung der Verständlichkeit allein auf den Text ankommt. Das ist streng genommen nicht ganz richtig. Wichtig ist nämlich auch die Frage: Für wen ist dieser Text verfasst? Für die allgemeine Bevölkerung oder für besondere Gruppen?

Texte für die Allgemeinheit

Dies sind z. B. Zeitungen, Fernsehkommentare, allgemeine Bekanntmachungen, Gebrauchsanweisungen, Flugblätter, Antragsformulare usw. Solche Texte müssen für alle Bevölkerungsgruppen leicht verständlich sein – für so genannte Akademiker ebenso wie für Volksschüler.

Texte für besondere Gruppen

Dies sind z. B. Fachbücher für fortgeschrittene Lehrlinge oder Studenten, Bedienungsanleitungen für Industriemaschinen, Informationen für Ärzte über ein neues Medikament usw. Es sind Texte, die beim Leser bestimmte Vorkenntnisse und bestimmte geistige Fähigkeiten voraussetzen. Bei diesen Texten ist es nicht erforderlich, dass jeder sie versteht. Wichtig ist nur, dass sie für die Gruppen verständlich sind, für die sie geschrieben wurden.

Eine Vorausschau: Übungen in verständlichem Schreiben

Im vorigen Abschnitt haben Sie Informationen erhalten: Was bedeuten die Merkmale der Verständlichkeit? Wie lässt sich die Verständlichkeit eines Textes beurteilen? In diesem Abschnitt haben Sie nun Gelegenheit, dieses Wissen praktisch anzuwenden: Sie lernen, Sachtexte verständlich abzufassen und schwer verständliche Texte zu verbessern.

Unser Übungsprogramm ist wissenschaftlich geprüft. Es berücksichtigt wichtige Grundsätze, die das Lernen erleichtern:

Eigenes Handeln: Sie tun selbst etwas. Sie erstellen eigene Texte.

Rückmeldung: Sie erhalten eine Rückmeldung über Ihren Leistungsstand, indem Sie Ihre Texte mit den Texten von Verständlichkeitsexperten vergleichen.

Wahrnehmungslernen: Die Expertentexte haben noch einen anderen Sinn: Allein durch die häufige Wahrnehmung günstig gestalteter Texte werden sich Ihre Fähigkeiten im verständlichen Schreiben verbessern.

Texte beurteilen – Übung I

Was geschah bisher?

Sie haben die vier Merkmale der Verständlichkeit kennen gelernt. Sie sind in der Lage, Beurteilungsfenster auszuwerten.

Was geschieht jetzt?

Sie üben, Texte im Hinblick auf die vier Merkmale selbst zu beurteilen. Bei verschiedenen Texten untersuchen Sie: Wie stark sind die vier Merkmale bei diesem Text ausgeprägt?

Wie geschieht das?

1. Es folgen vier Texte. Lesen Sie zunächst alle vier Texte einmal durch, um sich einen Überblick zu verschaffen. Alle Texte handeln von denselben „drei Verbrechen“, sind aber unterschiedlich formuliert.
2. Versuchen Sie dann, die Texte zu beurteilen. Beginnen Sie mit dem Merkmal Einfachheit. Lesen Sie Text 1 noch einmal durch, und beurteilen Sie ihn dann hinsichtlich seiner Einfachheit. Tragen Sie Ihr Ur-

teil gleich in ein Beurteilungsfenster wie auf Seite 31f ein. Machen Sie bitte dasselbe bei den restlichen drei Texten. Danach beurteilen Sie bei allen Texten Gliederung/Ordnung, dann Kürze/Prägnanz und schließlich Anregende Zusätze. Wenn Sie sich in ihrem Urteil nicht sicher sind, lesen Sie bitte noch mal die Merkmalsbeschreibungen durch (S. 22ff).

Drei Verbrechen: Texte 1–4

Text 1

1. Wenn jemand eine fremde Sache unerlaubterweise und heimlich an sich nimmt, um sie für sich zu behalten, so begeht er einen Diebstahl. Das ist rechtswidrig und strafbar.
2. Eine zweite Art der Aneignung fremden Eigentums ist der Raub: Hier wendet der Verbrecher Gewalt an, um in den Besitz der fremden Sache zu kommen, oder er bedroht einen anderen Menschen so, dass dieser Gefahr für Leib und Leben befürchten muss, und eignet sich dann, wenn der Überfallene oder Bedrohte sich nicht wehrt, dessen Eigentum an.
3. Wenn jemand weiß, dass bestimmte Sachen gestohlen oder geraubt sind, oder wenn man den starken Verdacht hat, dass es so ist, muss man dieses der Polizei melden. Wenn man aber als Person, die an Diebstahl oder Raub nicht beteiligt war, Gegenstände, die widerrechtlich entwendet wurden, versteckt, kauft, an sich nimmt oder mithilft, sie an andere zu verkaufen, wird man als „Hehler" wegen Hehlerei bestraft.

Text 2

Herr Lehmann hat eine Vertretungsstunde in der Klasse 6b. „Nun, Kinder, worüber wollen wir uns heute unterhalten?" fragt er.

„Oh, ich weiß!" ruft Harald ganz laut. „Wir wollen uns über die Fernsehserie ‚XY–Ungelöst …' unterhalten."

„Bitte schön", sagt Herr Lehmann, „dann erzähl uns doch gleich einmal, was in der letzten Sendung vor sich ging."

„Also, da wird eine alte Dame in einem Hotel gezeigt. Sie ist in ihrem Zimmer und packt gerade einige Wertsachen in ihren Koffer, wertvolle Armbänder, Broschen, einige schöne Halsketten und eine Armbanduhr. Plötzlich klopft es an der Tür. Ein junger Mann in schlechter Kleidung erscheint und behauptet, er sei vom Hotel beauftragt, das Gepäck der Dame zum Bahnhof zu bringen. Natürlich will er das Gepäck wegnehmen und behalten. Die alte Dame will ihre Sachen aber nicht hergeben, weil sie den jungen Mann noch nie gesehen hat und er ihr auch nicht vertrauenswürdig erscheint. Darauf bedroht er sie mit der Faust, und sie gibt ihm ihren Schmuckkoffer hin."

„Das ist ja glatter Diebstahl“, meint Dieter. „Nein“, sagt Herr Lehmann, „es ist sogar noch etwas Schlimmeres. Der Mann hat den Koffer ja nicht nur einfach gestohlen und an sich genommen, obgleich er dazu nicht berechtigt war (das wäre Diebstahl gewesen), er hat die alte Dame auch noch bedroht – das nennt man Raub.“

Aber schon ruft Harald dazwischen, die Geschichte wäre ja noch gar nicht zu Ende erzählt: „Der junge Mann bringt den Koffer nämlich in ein wertvolles An- und Verkaufs-Geschäft in einer Nebenstraße, wo er von dem Inhaber gleich in eine Hinterstube gewinkt wird.“

„Der Ladeninhaber macht sich aber auch strafbar, wenn er dem jungen Mann den Koffer jetzt abkauft“, sagt Dieter, „ich weiß das, mein Vater ist nämlich Rechtsanwalt.“

„Jawohl“, bestätigt der Lehrer, „wenn der Ladeninhaber den Schmuck aus dem Koffer jetzt kauft und weiterverkauft, begeht er Hehlerei, denn er wusste ja, dass es sich um gestohlene Ware handelte.“

Text 3

Hehlerei

Wer seines Vorteils wegen Sachen, von denen er weiß oder den Umständen nach annehmen muss, dass sie mittels einer strafbaren Handlung erlangt sind, verheimlicht, ankauft oder sonst an sich bringt oder zu deren Absatze bei anderen mitwirkt, wird als Hehler bestraft.

Raub

Wer mit Gewalt gegen eine Person oder unter Anwendung von Drohungen mit gegenwärtiger Gefahr für Leib und Leben eine fremde bewegliche Sache einem anderen in der Absicht wegnimmt, sich dieselbe rechtswidrig anzueignen, wird wegen Raubes bestraft.

Diebstahl

Wer eine fremde bewegliche Sache einem anderen in der Absicht wegnimmt, dieselbe sich rechtswidrig anzueignen, wird wegen Diebstahls bestraft.

Text 4

Ihr wisst sicher, dass manche Menschen gegen Gesetze verstoßen und *Verbrechen* begehen. Es gibt verschiedene Verbrechen. Hier auf diesem Blatt findet ihr drei Verbrechen beschrieben. Bitte merkt sie euch so, dass ihr sie auseinander halten könnt!

Diebstahl

Jemand nimmt einem anderen etwas weg. Dabei ist wichtig: Es gehört ihm nicht, und er will es behalten. Dieses Verbrechen ist *Diebstahl.*
Beispiel: Jemand nimmt im Kaufhaus heimlich eine Ware an sich und bezahlt sie nicht.

> **Raub**
> Jemand nimmt einem anderen etwas weg. Er will es behalten, obwohl es ihm nicht gehört. Beim Wegnehmen wendet er Gewalt an oder droht dem Anderen, dass er ihn schlagen oder töten werde. Dieses Verbrechen ist *Raub*.
> *Beispiel:* Ein Täter bedroht einen Bankangestellten mit der Pistole, dass er ihm Geld herausgibt.
>
> **Hehlerei**
> Jemand kauft von einem anderen eine Ware oder nimmt sie an sich. Er weiß oder vermutet, dass die Ware vorher gestohlen, geraubt oder unterschlagen wurde. Trotzdem behält er die Ware für sich oder verkauft sie weiter. Oder er hilft einem anderen, sie zu verkaufen. Dieses Verbrechen ist *Hehlerei.*
> *Beispiel:* Jemand kauft ein altes Auto von einem Mann; dabei weiß er, dass dieser das Auto gestohlen hat.

Vergleich mit den richtigen Urteilen

Bitte vergleichen Sie jetzt Ihre Urteile mit den nachfolgenden, richtigen Urteilen und den Begründungen. Sie stammen von erfahrenen Beurteilern. Wichtig: Abweichungen um eine Stufe sind – insbesondere in Grenzfällen – leicht möglich. Abweichungen um zwei Stufen und mehr: Bitte sehen Sie sich in diesem Fall nochmals die Merkmalsbeschreibungen und die folgenden Begründungen für die „richtigen" Werte an. Überlegen Sie dann bitte, ob Sie nicht ihr Urteil korrigieren müssen.

Einfachheit

Text 1 ist durch lange, verschachtelte Sätze gekennzeichnet. Ausprägungsgrad: –

Text 2 ist deutlich einfacher, hat aber auch längere Satzpassagen, insbesondere dort, wo wesentliche Information vermittelt wird. Ausprägungsgrad: +

Text 3 hat einen sehr komplizierten Satzbau und ist sehr unanschaulich. Ausprägungsgrad: – –

Text 4 zeigt eine sehr einfache Gedankenführung und hat kurze Sätze. Ausprägungsgrad: + +

Gliederung/Ordnung

Text 1: Die drei Verbrechen sind durch Absätze deutlich voneinander abgehoben. Jedoch innerhalb dieser Absätze findet eine Gliederung nicht mehr statt – keine sichtbare Unterscheidung von Wesentlichem und Unwesentlichem, keine Unterstreichungen, keine Hervorhebungen. Ferner fehlt ein einführender Vorspann, der den Aufbau des Textes ankündigt. Ausprägungsgrad: 0

Text 2: Der Text enthält überhaupt keine äußere Gliederung. Die Absätze gliedern die Information nicht sinnvoll, jedoch ist eine gewisse innere Folgerichtigkeit gegeben. Ausprägungsgrad: –

Text 3: Siehe Text 1. Ausprägungsgrad: 0

Text 4: Dieser Text enthält wesentliche Gesichtspunkte von Gliederung/Ordnung:

- einführender Vorspann
- überschriftete Unterabschnitte
- Hervorhebung der Kernbegriffe
- gute Unterscheidung von Information und Illustration: Die Beispiele sind als Beispiele gekennzeichnet und deutlich der Kerninformation untergeordnet.

Ausprägungsgrad: + +

Kürze/Prägnanz

Text 1: Der Text ist ziemlich knapp. Dennoch hätte man einiges weglassen können, z.B.: „Eine zweite Art der Aneignung…“, „…muss man dieses der Polizei melden.“ Für das Informationsziel sind diese Passagen entbehrlich. Ausprägungsgrad: +

Text 2: Weitschweifig und enthält überwiegend entbehrliche Information. Ausprägungsgrad: – –

Text 3: Bei diesem Text ist kein Wort überflüssig. Er besitzt damit eine hohe Informationsdichte. Ausprägungsgrad: + +

Text 4 bringt nur Wesentliches. Die überblickende Vorausschau zu Beginn ist jedoch etwas zu ausführlich. Die Beispiele sind vielleicht im Sinne der Gesamtkürze entbehrlich, erfüllen aber selbst deutlich die Forderung nach Kürze und Prägnanz. Ausprägungsgrad: 0

Anregende Zusätze

Text 1 enthält keinerlei anregende „Zutaten“. Der Ausprägungsgrad: – –

Text 2: Anregend und interessant zu lesen. Hier „passiert“ etwas. Die Information ist in ein lebendiges Wechselgespräch eingebettet (wörtliche Rede). Sie wird anhand einer Kriminalgeschichte dargestellt. *Aber:* Die wesentliche Information geht völlig in diesem Textbrei unter. Deshalb schlechte Behaltens- und Verständnisleistung. Ausprägungsgrad: + +

Text 3: Dieser Text enthält keinerlei Anregende Zusätze. Ausprägungsgrad: – –

Text 4 ist weniger anregend als Text 2. Die unmittelbare Anrede und die knappen Beispiele gehen über die nüchterne Informationsvermittlung hinaus. Dadurch regen sie den Leser an. Ausprägungsgrad: 0

Beurteilungsfenster der vier Texte

Text 1

Einfachheit –	Gliederung/Ordnung 0
+ Kürze/Prägnanz	– – Anregende Zusätze

Text 2

Einfachheit +	Gliederung/Ordnung –
– – Kürze/Prägnanz	+ + Anregende Zusätze

Text 3

Einfachheit – –	Gliederung/Ordnung 0
+ + Kürze/Prägnanz	– – Anregende Zusätze

Text 4

Einfachheit + +	Gliederung/Ordnung + +
0 Kürze/Prägnanz	0 Anregende Zusätze

Aus diesen Beurteilungsfenstern ersehen Sie:

Text 1 ist schlecht verständlich: Hauptsächlich wegen mangelnder Einfachheit.

Text 2 ist schlecht verständlich: Zwar liest der Text sich einfach, doch sind die Informationen über die drei Verbrechen so stark mit entbehrlichen Anregenden Zusätzen verwoben, dass das Wesentliche nicht deutlich wird.

Text 3 ist schlecht verständlich: vor allem wegen mangelnder Einfachheit. Die extreme Kürze/Prägnanz geht hier zu Lasten von Einfachheit.

Text 4 ist gut verständlich: Einfacher, gut gegliederter und hinreichend prägnanter Text. Die Anregenden Zusätze tragen deshalb auch noch zur Verständlichkeit des Textes bei.

Texte beurteilen – Übung II

Diese Übung ist ähnlich wie die vorangegangene. Sie erhalten jetzt acht Texte zur Beurteilung. Gehen Sie dabei bitte so vor:

1. Lesen Sie zunächst Text 1 durch.
2. Beurteilen Sie ihn sodann gleich hinsichtlich aller vier Merkmale. Tragen Sie Ihre Urteile in das unter dem Text stehende Beurteilungsfenster ein.
3. Vergleichen Sie mit den richtigen Urteilen auf der folgenden Seite.
4. Verfahren Sie ebenso mit den übrigen sieben Texten.
5. Am Ende können Sie ermitteln, wie gut Ihre Gesamtleistung war.

Bitte beachten Sie beim Vergleich mit den richtigen Urteilen: Abweichungen um eine Stufe sind – insbesondere in Grenzfällen – leicht möglich. Abweichungen um zwei Stufen und mehr: Bitte sehen Sie sich in diesem Fall nochmals die Merkmalsbeschreibungen und die folgenden Begründungen für die „richtigen" Werte an. Überlegen Sie dann bitte, ob Sie nicht Ihr Urteil korrigieren müssen.

Text 1: Abtauen*

Gestatten Sie bitte, dass ich bei diesem Abschnitt wieder meine Frau hinzuziehe. Wir begeben uns also vor den eigenen Kühlschrank und sehen die Bescherung: Die Frosterbox ist mit einer dicken Eiskruste umgeben. Ich (streng): „Habe ich dir nicht schon oft gesagt, dass du *regelmäßig* einmal in der Woche abtauen sollst?"

Sie: „Erstens habe ich vor wenigen Tagen abgetaut, obwohl z. B. für den Schrank unserer Nachbarin diese wöchentliche Arbeit auch nicht vorgesehen ist, zweitens solltet ihr gescheiten Männer den Schrank eben so konstruieren, dass kein Eis auftritt, und drittens sehe ich überhaupt nicht ein, warum das Eis schaden soll. Es ist doch auch kalt."

„Erstens", entgegne ich, „hat unsere Nachbarin einen Schrank mit Großraumfroster, für den besondere Bedienungsvorschriften gelten, wir aber haben eine normale Frosterbox und können z. B. jetzt wegen der dicken Eisschicht die Flasche Wein nicht schnell kühlen, die wir nachher zusammen trinken wollen; zweitens können auch die Kühlschrank-Konstrukteure die Naturgesetze nicht aufheben, und drittens kann es nichts schaden, wenn du jetzt einmal zuhörst, warum das Eis entsteht und weshalb es schadet:

---

* Aus einer Bedienungsanleitung für Kühlschränke

Die Luft im Kühlraum enthält immer Feuchtigkeit, die aus den darin abgestellten Kühlgütern, und zwar nicht nur aus Flüssigkeiten, z. B. Milch, sondern auch aus dem Gemüse, Obst, sogar aus verhältnismäßig trockenen Speisen, wie Fleisch, Käse usw. stammt. Diese Feuchtigkeit schlägt sich am kältesten Teil des Schrankes, also an der Frosterbox, in Form einer Eis- oder Reifschicht nieder. Eis ist aber ein schlechter Wärmeleiter. Eine Eisschicht erschwert es also, dass die im Kühlraum vorhandene Wärme von der Frosterbox aufgenommen werden kann. (Das ist aber nötig, wenn gekühlt werden soll.) Die Folge ist verminderte Kühlleistung. Wir verhindern dies, indem wir das Eis regelmäßig durch Abtauen entfernen; wohlgemerkt, durch Abtauen, nicht etwa mit dem Messer oder Ähnlichem, weil sonst die Gefahr besteht, dass die Frosterbox beschädigt wird. Auch angefrorene Eisschalen und Lebensmittel dürfen nicht mit spitzen oder scharfkantigen Gegenständen angehoben werden. Also einfach den Drehknopf auf ‚Abtauen' stellen, bis die ganze Eisschicht geschmolzen ist. (Dies kann u. U. mehrere Stunden dauern). Im Übrigen steigt die Temperatur im Kühlschrank während der Abtauens nur unwesentlich an. Nur darf man nicht vergessen, die Tropfschale bzw. den Auffangbehälter unter der Frosterbox rechtzeitig zu entleeren und wieder an ihren Platz zurückzustellen; sonst gibt es unerwünschte Überschwemmungen. – Zum Abtauen niemals elektrische Heizgeräte in das Innere des Kühlschrankes einbringen."

Einfachheit	Gliederung/Ordnung
Kürze/Prägnanz	Anregende Zusätze

Rückmeldung zu Text I

Einfachheit +	Gliederung/Ordnung –
– – Kürze/Prägnanz	+ + Anregende Zusätze

Begründung

Einfachheit: Überwiegend einfache, geläufige Sprache, wenn auch gelegentlich längere Schachtelsätze.

Gliederung/Ordnung: Die Absätze dienen nicht dazu, den Aufbau des Textes sichtbar zu machen. Instruktionen zur Bedienung von Maschinen und physikalisches Hintergrundwissen werden nicht voneinander getrennt. – Der letzte Abschnitt enthält allerdings ein gewisses Ausmaß an innerer Folgerichtigkeit.

Kürze/Prägnanz: Enthält viel Überflüssiges.

Anregende Zusätze: Einbettung der Information in einen Dialog, lebendiges Wechselgespräch.

➜ **Verständlichkeit:** schlecht. Anregende Zusätze gehen hier zu Lasten der Übersichtlichkeit und der Knappheit.

Text 2: Abtauen

Dieser Kühlschrank hat eine normale, d.h. ziemlich kleine Frosterbox. Um die Frosterbox von der umgebenden Eisschicht zu befreien, muss der Kühlschrank *regelmäßig einmal in der Woche* abgetaut werden. Sie erfahren in diesem Abschnitt, wie man das macht, warum man es machen muss und wie die Eisschicht überhaupt entsteht.

Wie wird abgetaut?

1. Drehknopf auf „Abtauen" stellen.
2. Warten, bis Eisschicht geschmolzen ist (bis zu mehreren Stunden).
3. Auffangbehälter zwischendurch mehrmals entleeren.

Bitte halten Sie sich genau an diese Anweisungen. Auf keinen Fall darf die Eisschicht mit einem Messer oder anderen Gegenständen entfernt werden – die Frosterbox wird dadurch beschädigt. Auch angefrorene Eisschalen oder Lebensmittel dürfen so nicht entfernt werden. Keine Angst: Durch Abtauen wird es im Eisschrank nur ganz wenig wärmer. Aber stellen Sie zu diesem Zweck keine elektrischen Heizgeräte in den Kühlschrank.

Warum muss man abtauen?

Die im Kühlschrank enthaltene Wärme wird von der Frosterbox aufgenommen. Diese Aufgabe kann die Box nur schlecht erfüllen, wenn sie von einer Eiskruste umgeben ist, denn Eis ist ein schlechter Wärmeleiter. Die Kühlleistung wird also vermindert, wenn man nicht abtaut.

Wie entsteht die Eisschicht?

Die Luft im Kühlschrank enthält immer Feuchtigkeit. Sie stammt von allen Lebensmitteln (nicht nur Milch, sondern z.B. auch Gemüse, Obst usw.). Diese Feuchtigkeit schlägt sich in Form einer Eis- oder Reifschicht an der Frosterbox nieder.

Einfachheit	Gliederung/Ordnung
Kürze/Prägnanz	Anregende Zusätze

Rückmeldung zu Text 2

Einfachheit + +	Gliederung/Ordnung + +
+ Kürze/Prägnanz	– Anregende Zusätze

Begründung

Einfachheit: Geläufige, einfache Sprache, kurze Sätze.
Gliederung/Ordnung: Hohes Ausmaß an äußerer Gliederung, Unterteilung der Information in überschriftete Abschnitte, sinnvolle Reihenfolge.
Kürze/Prägnanz: Recht kurz und bündig, wenn auch nicht gedrängt.
Anregende Zusätze: Weitgehender Verzicht auf Anregende Zusätze. Zwar wird der Leser direkt angesprochen. Auch Wendungen wie „keine Angst“ sind anregend. Aber insgesamt überwiegt die sachliche, nüchterne Übermittlung von Information.

→ **Verständlichkeit:** gut.

Text 3: Winkelhalbierung*

Einen Winkel beliebiger Größe könnt ihr durch drei Handgriffe in zwei gleichgroße Winkel teilen.

Erster Handgriff (mit dem Zirkel)

Die beiden Schenkel des Winkels treffen in einem Punkt zusammen. Schlagt bitte um diesen Scheitelpunkt einen Kreis beliebiger Größe.

Zweiter Handgriff (mit dem Zirkel)

Dieser Kreis durchschneidet die beiden Schenkel des Winkels in zwei Punkten. Schlagt um diese zwei Schnittpunkte gleichgroße Kreise. Diese Kreise sollen nicht zu klein sein.

Dritter Handgriff (mit dem Lineal)

Diese gleichgroßen Kreise berühren sich in einem Punkt oder schneiden sich in zwei Punkten. Verbindet nun diesen Berührungspunkt oder die beiden Schnittpunkte mit dem Scheitelpunkt des Winkels. Als Ergebnis zeigt sich: Diese Verbindungsgerade teilt den Winkel in zwei gleichgroße Winkel.

Einfachheit	Gliederung/Ordnung
Kürze/Prägnanz	Anregende Zusätze

* Arbeitsanweisung für Schüler

Rückmeldung zu Text 3

Einfachheit +	Gliederung/Ordnung + +
+ + Kürze/Prägnanz	– Anregende Zusätze

Begründung

Einfachheit: Sehr einfacher Satzbau. Allerdings werden Fachwörter nicht erklärt.

Gliederung/Ordnung: Gut gegliederte Handlungsanweisung: Die Aufgliederung in einzelne Handgriffe schafft sinnvolle Unterabschnitte, die das Zurechtfinden erleichtern.

Kürze/Prägnanz: Jeder Satz ist unentbehrlich, man kann es kaum kürzer sagen.

Anregende Zusätze: Verzicht auf Anregende Zusätze. Lediglich direkte Anrede des Lesers.

→ **Verständlichkeit:** gut, obwohl es noch einfacher und etwas weniger gedrängt ginge.

Text 4: Grundlagen der Sexualität

In diesem Text werden zwei Theorien der Sexualität gegenübergestellt, und zwar eine ältere Theorie und eine neue Theorie.

Es wird versucht aufzuzeigen, inwieweit sich die neue Theorie von der älteren abgrenzt. Um das verstehen zu können, müssen zuerst die Aussagen der älteren Theorie dargestellt werden.

Der Grundgedanke der älteren Theorie besteht darin, dass sie sagt, Sexualität sei reines Instinktverhalten. Aufgrund dieser Tatsache sind soziale Beziehungen und soziales Verhalten von vornherein festgelegt und lassen sich aus diesem Instinktverhalten ableiten, d. h. dem Menschen selbst ist jede Einflussnahme auf seine sozialen Beziehungen unmöglich, da sie von seinem sexuellen Instinkt abhängig sind.

Die neueren sozialwissenschaftlichen Theorien der Sexualität gehen davon aus, dass die Sexualität, wie auch andere biologisch bedingte Antriebe, ein relativ unspezialisiertes Grundbedürfnis ist. Der Beweis dafür wird darin gesehen, dass die Sexualität biologisch ungesichert ist, d. h. es besteht eine umgekehrte Abhängigkeit, und zwar dahingehend, dass die Sexualität gerade durch die soziale Umwelt, durch soziale Beziehungen, durch soziale Normierung und durch den kulturellen Überbau beeinflusst wird, und erst dadurch der biologische Zweck, die Fortpflanzung, erfüllt werden kann. Das bedeutet, dass das Sexualverhalten nicht von Anfang an festgelegt ist.

Einfachheit	Gliederung/Ordnung
Kürze/Prägnanz	Anregende Zusätze

Rückmeldung zu Text 4

Einfachheit –	Gliederung/Ordnung +
0 Kürze/Prägnanz	– – Anregende Zusätze

Begründung

Einfachheit: Anfang eher 0, am Schluss eher – –. Komplizierter Satzbau, viele ungeläufige Wörter, abstrakte, hölzerne Sprechweise.
Gliederung/Ordnung: Durch Ankündigung am Anfang und durch Absätze, die dieser Ankündigung entsprechen, ist der Aufbau des Textes sichtbar gemacht. Keine Hervorhebung des Wesentlichen.
Kürze/Prägnanz: Weder besonders knapp noch weitschweifig. Wer + gegeben hat, hat richtiger geurteilt, als wer 2 gegeben hat.
Anregende Zusätze: Keine Anregenden Zusätze.

→ **Verständlichkeit:** schlecht, wegen mangelnder Einfachheit.

Text 5: Grundlagen der Sexualität

Ist sexuelles Verhalten durch die Erbanlagen bestimmt? In dieser Frage nehmen die Wissenschaften unterschiedliche Standpunkte ein: Ich möchte hier zwei Standpunkte nennen.

1. Die Soziologen früher:

(Die Soziologen beschäftigen sich mit dem Verhalten von Menschen in großen Gruppen: Sie finden z. B. heraus, wie die Bevölkerung über bestimmte Themen denkt.)
Die Soziologen früher dachten, dass das sexuelle Verhalten durch die Erbanlagen bestimmt ist. Sie dachten: So, wie ihr miteinander zärtlich seid, so, wie ihr miteinander sexuellen Kontakt haltet, das ist weitgehend festgelegt, davon könnt ihr instinktiv gar nicht abweichen.

2. Die Soziologen heute:

(und Wissenschaftler anderer Richtungen) wenden sich gegen diese Meinung.

Sie sagen: *Dass* ihr miteinander überhaupt sexuellen Kontakt haben wollt, das ist natürlich, das ist erblich festgelegt. *Wie* das aber geschieht: Das ist sehr verschieden.

Das ist unter euch sehr verschieden, und ihr unterscheidet euch auch von anderen Ländern, anderen Gesellschaften.

Denkt nur daran, dass z. B. Homosexualität bei den Griechen vor 2000 Jahren durchaus nichts Ungewöhnliches, ja ein ganz normales Verhalten war!

Und wie entstehen nun diese Unterschiede im sexuellen Verhalten?

Ihr könnt euch sicher vorstellen: Wenn das alles so verschieden ist in verschiedenen Gesellschaften, dann kann der Mensch in einem sexuellen Verhalten *nicht durch die Erbanlagen festgelegt sein!*

Trotzdem verhalten wir uns *innerhalb von bestimmten Gruppen* wiederum doch relativ *ähnlich*. Denkt z. B. an eure Freunde/Freundinnen.

Wie kommt das, woran liegt das: Wir geben uns selbst die Regeln, wir – das ist eine Gruppe wie die Schulklasse oder größere Gruppen wie die ganze Gesellschaft.

Einfachheit	Gliederung/Ordnung
Kürze/Prägnanz	Anregende Zusätze

Rückmeldung zu Text 5

Einfachheit + +	Gliederung/Ordnung + +
– Kürze/Prägnanz	+ + Anregende Zusätze

Begründung

Einfachheit: Einfache (wenn auch nicht immer kurze) Sätze; geläufige, einfache, konkrete Formulierungen.

Gliederung/Ordnung: Einführender Vorspann, äußere Gliederung, Hervorhebung des Wesentlichen. Verdeutlichung von Beziehungen („dass“ – – „wie“).

Kürze/Prägnanz: Zusatzinformationen, die für das Lernziel nicht unbedingt notwendig wären (Was sind Soziologen?); viele Beispiele. Sprachliche Weitschweifigkeiten („anderen Ländern, anderen Gesellschaften“; „das ist natürlich; das ist erblich festgelegt“; „wie kommt das, woran liegt das?“). Jedoch weicht der Text niemals direkt vom Thema ab; auch kann man nicht von einer besonders umständlichen Darstellungsweise sprechen. Wer 0 gegeben hat, hat richtiger geurteilt, als wer – – gegeben hat.

Anregende Zusätze: Direktes Ansprechen des Lesers, Erwecken persönlicher Anteilnahme („Denkt an eure Freunde/Freundinnen!“). Mehrere Beispiele.

→ **Verständlichkeit:** gut.

Text 6: Grundlagen der Sexualität

Früher waren die Wissenschaftler und Theoretiker, die sich mit den menschlichen Beziehungen befassten (also die Sozialwissenschaftler) größtenteils der Meinung, dass die Formen, in denen sich die Sexualität (das geschlechtliche Verlangen und Verhalten) äußert und zeigt, von vornherein von der Natur festgelegt seien. Die menschliche Gesellschaft habe diese Festlegung zu berücksichtigen und ihre Beziehungen einzubauen und hätte keinen weiteren Einfluss auf diesen Teil der Natur des Menschen. Ja, man war sogar der Meinung, dass sich alle anderen Formen der menschlichen Beziehungen nach dieser einen (also nach Sexualität) zu richten hätten bzw. dass sie danach einzurichten wären; so festgelegt schätzte man die Sexualität ein.

Inzwischen haben viele Forscher (berühmt unter ihnen wurde Margaret Mead, eine Amerikanerin) diese Meinung in Frage gestellt und versucht, unser Wissen über die Dinge zu vermehren (z.B. durch Untersuchungen an kleinen, weltfernen Volksstämmen und Vergleichen dieser Untersuchungen).

Heute sind die meisten Wissenschaftler aufgrund dieses reichen neuen Wissens, was da zutage kam, zu der neuen Meinung und Ansicht gekommen, dass zwar ein jeder Mensch sexuelles Verlangen hat, sich dieses aber ganz verschieden, eben je nach der Gesellschaft (Volksstamm etc.), in der er lebt, äußert. Sozusagen steckt der Motor in jedem Auto, der Fahrkomfort und die Karosserie sowie Beiwerke und technische Daten sehen jedes Mal anders aus, je nachdem, aus welchem Werk das Auto stammt. Oder ein Beispiel aus der Sexualität: Homosexuelles Verhalten gilt bei uns hier in Europa als verwerflich und unnatürlich und wird manchmal sogar bestraft. In anderen Gesellschaften ist solches Verhalten, wie man feststellte, manchmal gelitten, erlaubt, gewünscht oder wird sogar gefördert, von allen jungen Männern eines Stammes während eines zeitlich begrenzten Rituals gefordert. Alle Gesellschaften aber haben durch Regeln gleichzeitig dafür gesorgt, dass die Nachkommen nicht ausbleiben, denn sonst gäbe es diese Stämme und Völker ja auch gar nicht mehr.

Wir sehen also, dass die Sexualität durch die Regeln (Normen) der Gesellschaft erst durch ihre ganz bestimmten Äußerungsformen erreicht und immer so gelenkt wird, dass ihr biologischer Sinn, nämlich die Fortpflanzung, sichergestellt ist.

Einfachheit	Gliederung/Ordnung
Kürze/Prägnanz	Anregende Zusätze

Rückmeldung zu Text 6

Einfachheit	Gliederung/Ordnung
–	0
– –	0
Kürze/Prägnanz	Anregende Zusätze

Begründung

Einfachheit: Zum Teil durchaus einfache Sprechweise (z. B. „denn sonst gäbe es diese Völker und Stämme ja gar nicht mehr"). Aber die meist sehr langen Sätze geben den Ausschlag in Richtung –. Auch ungeläufige Wörter: Fahrkomfort, Ritual, Äußerungsformen. Wer 0 gegeben hat, hat richtiger geurteilt, als wer – – gegeben hat.

Gliederung/Ordnung: Durch die Markierungswörter „früher – inzwischen – heute" ist ein grobes Gerüst vorhanden. Jedoch fehlt ein organisierender Vorspann, der den Leser auf dieses Gerüst vorbereitet. Ferner: Die Beispiele (Auto und Homosexualität) sind nicht klar einem Hauptgedanken untergeordnet. Es ist schwierig zu erkennen: Was ist ein Beispiel wofür?

Kürze/Prägnanz: Noch um 36% länger als Text 5. Sowohl sprachlich als auch inhaltlich weitschweifig. Sprachlich: „zu der neuen Meinung und Ansicht", „äußert und zeigt", „aufgrund des reichen, neuen Wissens, was da zutage kam"; „Wissenschaftler und Theoretiker"; „durch Untersuchungen und Vergleiche dieser Untersuchungen". Inhaltlich: Der *Inzwischen*-Absatz ist weitgehend entbehrlich, die Beispiele zu ausführlich.

Anregende Zusätze: Beispiele/Vergleiche; sonst wenig Anregung.

→ **Verständlichkeit:** schlecht.

Text 7: Grundlagen der Sexualität

In der älteren Soziologie wird vielfach die Ansicht vertreten, dass die Sexualität des Menschen, biologisch gesehen, in ihrem Ablauf ein gesichertes Instinktverhalten darstellt. So nimmt eine Soziallehre der Geschlechtlichkeit weitgehend einen festgelegten Verhaltenskomplex auf oder leitet von ihm soziale Beziehungen und Formen in ihrer Struktur ab. Dagegen wenden sich die neueren sozial-wissenschaftlichen Theorien der Sexualität. Die moderne Anthropologie und Kulturlehren, die auf ihr aufbauen, sehen die Sexualität eher als Grundbedürfnis an. Dieses Grundbedürfnis, das biologisch ungesichert und nicht fest geformt ist, muss durch Führung, durch soziale Normierung und durch Festigung zu bestimmten Dauerinteressen so stabilisiert werden, dass die Erfüllung schon des biologischen Zwecks, so im Falle der Sexualität etwa die Fortpflanzung, sichergestellt ist.

Einfachheit	Gliederung/Ordnung
Kürze/Prägnanz	Anregende Zusätze

Rückmeldung zu Text 7

Einfachheit – –	Gliederung/Ordnung –
+ + Kürze/Prägnanz	– – Anregende Zusätze

Begründung

Einfachheit: In Wortwahl und Satzbau: kompliziert, abstrakt, ungeläufig.

Gliederung/Ordnung: Keine äußeren Übersichtlichkeits-Hilfen, keine Angabe des Lehrziels (worüber sollst du nach der Lektüre Bescheid wissen?) Keine Hervorhebung des Wichtigen. Innere Folgerichtigkeit: Insoweit vorhanden, als die Reihenfolge der Sätze sinnvoll ist und der jeweils folgende Satz deutlich auf den vorigen Satz oder Gedanken bezogen ist. Nicht vorhanden, insofern die Sätze aneinander gereiht werden, ohne die Beziehungen zu *früheren* Gedanken hervorzuheben. Beispiel: „... Dieses Grundbedürfnis, das biologisch ungesichert ... ist“, steht in entscheidendem Gegensatz zu (weiter oben). „... biologisch gesehen, in seinem Ablauf ein gesichertes Instinktverhalten darstellt“. Bekommt der Leser das von sich aus mit, oder muss man ihm dabei helfen? Vergleiche hierzu Text Nr. 5!

Kürze/Prägnanz: Nur das Wichtigste, und sehr knapp in der Formulierung (die Textlänge beträgt nur gut ein Drittel des Textes Nr. 6).

Anregende Zusätze: Keine.

→ **Verständlichkeit:** schlecht.

Text 8: Grundlagen der Sexualität

Welchen Einfluss hat die Umwelt auf die Sexualität (Geschlechtsleben) des Menschen? Zu dieser Frage gibt es in der Wissenschaft zwei verschiedene Ansichten:

1. Ansicht der älteren Soziologie: Umwelt spiele keine Rolle

Die menschliche Sexualität wird durch Instinkte gesteuert. Sie ist damit ein naturgegebenes Verhalten – niemand kann darauf Einfluss nehmen. Aus diesem angeborenen Sexualverhalten ergibt sich zwingend, wie die sozialen Beziehungen zwischen Menschen (z.B. Ehe) aussehen müssen.

2. Moderne Ansicht: Umwelt spielt entscheidende Rolle

Die Sexualität ist ein biologisches Grundbedürfnis. Es ist aber – wie bei allen naturgegebenen Trieben – überhaupt nicht festgelegt, wie dieses Bedürfnis befriedigt wird. Die Natur lässt verschiedene Möglichkeiten offen. Deswegen müssen die Menschen Regeln dafür festlegen, wie der Sexualtrieb befriedigt werden darf. Und sie müssen Einrichtungen, wie die Ehe, schaffen: Durch solche Einrichtungen ist gesichert, dass der Sexualtrieb dauernd befriedigt werden kann. Dadurch ist dann auch die Fortpflanzung gesichert und damit der biologische Zweck der Sexualität erfüllt.

Einfachheit	Gliederung/Ordnung
Kürze/Prägnanz	Anregende Zusätze

Rückmeldung zu Text 8

Einfachheit +	Gliederung/Ordnung + +
+ Kürze/Prägnanz	– – Anregende Zusätze

Begründung

Einfachheit: Geeignetes Beispiel dafür, dass man auch ohne Anregende Zusätze einfach schreiben kann.
Gliederung/Ordnung: Eine kurze Einleitung weist auf den Aufbau des folgenden Textes hin. Übersichtlich äußere Gliederung: Überschriftete Absätze, die Überschriften sagen das Wesentliche in Kurzform. Gute innere Folgerichtigkeit: Ein Gedanke folgt deutlich aus dem anderen.
Kürze/Prägnanz: Nur das Wichtigste. In der Ausdrucksweise weder besonders knapp noch besonders breit.
Anregende Zusätze: keine.

→ **Verständlichkeit:** gut.

Wie zutreffend ist Ihr Urteil? – Ihre Fähigkeit als Verständlichkeitsbeurteiler

Sie können nun überprüfen: Wie steht es mit Ihrer Beurteilungsfähigkeit? Und bei welchem Merkmal haben Sie vielleicht besondere Schwierigkeiten? Gehen Sie dabei so vor:

1. Tragen Sie Ihre Beurteilungen der letzten acht Texte Merkmal für Merkmal in die Tabelle auf der nächsten Seite ein.
2. Berechnen Sie ihre Fehlerpunkte für jeden Text und jedes Merkmal. Die Fehlerpunkte richten sich nach der Abweichung Ihrer Urteile von der richtigen Einschätzung.

Abweichung um eine Stufe:	*1 Fehlerpunkt*
Abweichung um zwei Stufen:	*4 Fehlerpunkte*
Abweichung um drei Stufen:	*9 Fehlerpunkte*
Abweichung um vier Stufen:	*16 Fehlerpunkte.*

3. Bilden Sie für jedes Merkmal die Summe der Fehlerpunkte.
4. Wandeln Sie diese vier Summen in „Zensuren" um. Benutzen Sie dazu die folgende Bewertungstabelle.

	Einfachheit			Gliederung/Ordnung		
Text Nr.	richtiger Wert	Ihr Wert	Fehlerpunkte	richtiger Wert	Ihr Wert	Fehlerpunkte
1	+			–		
2	+ +			+ +		
3	+			+ +		
4	–			+		
5	+ +			+ +		
6	–			0		
7	– –			–		
8	+			+ +		
		Summe			Summe	

	Kürze/Prägnanz			Anregende Zusätze		
Text Nr.	richtiger Wert	Ihr Wert	Fehlerpunkte	richtiger Wert	Ihr Wert	Fehlerpunkte
1	– –			+ +		
2	+			–		
3	+ +			–		
4	0			– –		
5	–			+ +		
6	– –			0		
7	+ +			– –		
8	+			– –		
		Summe			Summe	

Bewertung Ihres Ergebnisses

0– 9 Fehlerpunkte = gut
10–16 Fehlerpunkte = ausreichend
ab 17 Fehlerpunkte = nicht ausreichend.

Wenn Sie 17 oder mehr Fehlerpunkte bei einem Merkmal erhalten haben, prüfen Sie bitte, ob Ihre Abweichungen immer in dieselbe Richtung gehen, ob Sie also immer zu hohe oder immer zu niedrige Werte vergeben haben. Wenn dies der Fall ist, brauchen Sie nur insgesamt „strenger" oder „milder" zu urteilen, dann liegen Sie richtig.

Achtung: Im nächsten Abschnitt beginnt die praktische Arbeit für Sie. Sie können dort üben, Texte selbst verständlicher umzugestalten. Andere Möglichkeit: Sie blättern weiter bis S. 95 und lesen zunächst weitere Beispiele für schwer und leicht verständliche Textgestaltung.

Texte verbessern in einzelnen Merkmalen

Was geschah bisher?
Sie kennen die vier Merkmale der Verständlichkeit. Und Sie sind imstande, Texte auf die vier Merkmale hin zu beurteilen.

Was geschieht jetzt?
Sie machen Texte verständlicher – Texte, die besonders in einem Merkmal schlecht sind.

Wie geschieht das?
Sie bearbeiten vier Texte. Den ersten Text verbessern Sie in Einfachheit, den zweiten in Gliederung/Ordnung, den dritten in Kürze/Prägnanz und den vierten in Anregenden Zusätzen. Es könnte sein, dass sich dabei auch die jeweils übrigen drei Merkmale verändern. Kümmern Sie sich nicht darum. Konzentrieren Sie sich immer nur auf *ein* Merkmal.

Verbesserung in Einfachheit

Bitte lesen Sie den folgenden Text durch.

Erzieherverhalten

„Das Wissen um die Tradierung von Verhalten und Einstellungen durch Lernprozesse sollte für den Erziehenden Anlass zur Reflexion über seine eigenen Einstellungen und Gefühle in konkreten Situationen sein und auch darüber, welche Einstellungen und Haltungen er bei seinen Kindern hervorrufen und fördern will.“

Was *nicht verbessert* werden soll: Der Text soll nicht in äußerer Gliederung und innerer Folgerichtigkeit (Gliederung/Ordnung) verändert werden; er soll auch nicht gekürzt werden (Kürze/Prägnanz).

Was *verbessert* werden soll: Die ungeläufigen Wörter sollen durch gängige ersetzt werden. Die langen komplizierten Sätze sollen in kürzere zerlegt und vereinfacht werden. Zeit: 10 Minuten.

Bitte schreiben Sie Ihren verbesserten Text auf ein Blatt. Danach blättern Sie bitte um. Sie finden dort Ihre Rückmeldung.

✎ ____

____

____

____

____

____

____

____

Rückmeldung: In Einfachheit verbesserte Fassung

Erzieherverhalten

Kinder lernen Einstellungen und Verhaltensweisen von ihren Erziehern. Wer das weiß, sollte über sich selbst nachdenken: Welche Einstellungen und Gefühle habe ich in bestimmten Situationen? Ferner: Welche Einstellungen und Haltungen will ich bei meinen Kindern hervorrufen und fördern?

Verbesserung in Gliederung/Ordnung

Der folgende Text ist ein Abschnitt aus einem Erdkundebuch für das 7. Schuljahr.

„Während die Pygmäen nur Sammler, Fischer und Jäger sind, treiben die eigentlichen Schwarzen des Urwaldes Feldbau. Sie ‚gürteln' einige Bäume, indem sie die Rinde ringsum einkerben, so dass sie absterben, und roden mit Hackmesser und Feuer das Buschwerk. Die Frauen pflanzen dann zwischen den stehen gebliebenen Baumstümpfen mit Hilfe des Grabstockes, dessen unteres Ende spatenartig verbreitet ist, Bananen und Maniok. Die Maniokstaude wird 2 m hoch. Aus ihren Wurzelknollen gewinnt man Stärkemehl. Schon nach ein paar Jahren ist der Boden erschöpft. Ein neues Stück muss dann gerodet werden, während die alte Fläche rasch wieder überwuchert wird. Die Bantu halten auch einige Haustiere, vorwiegend Hühner und Ziegen. Ihre rechteckigen Hütten errichten sie zum Schutz gegen Tiere und Feuchtigkeit oft auf Pfählen. Unter mächtigen Palmen stehen sie in langer Reihe nebeneinander. Mit Hilfe der Trommelsprache, die im Wald weithin hörbar ist, verständigt man sich von Dorf zu Dorf."

Was brauchen Sie *nicht zu verbessern*? Sie brauchen den Text *nicht* in Einfachheit zu verbessern, auch nicht in Kürze/Prägnanz.

Bitte *verbessern* Sie so, dass die einzelnen Informationen nicht so beziehungslos und unübersichtlich aneinander gereiht sind. Achten Sie bitte auf die beiden Gesichtspunkte: äußere Gliederung – innere Ordnung! Das ist keine ganz leichte Aufgabe. Als Hilfe verweisen wir Sie auf den Text „Abtauen“ auf Seite 49 – ein Text mit beispielhafter Gliederung/Ordnung.

✎

Rückmeldung: In Gliederung/Ordnung verbesserte Fassung

Wie leben Schwarze im Urwald?

Im folgenden Abschnitt kannst du erfahren, wie sie sich ernähren und welche Schwierigkeiten sie mit dem Boden haben. Ferner: Wie wohnen sie, und wie verständigen sie sich von Dorf zu Dorf?

Ernährung
Während die Pygmäen nur Sammler, Fischer und Jäger sind, leben die eigentlichen Schwarzen des Urwaldes von Feldbau und von Haustierzucht.

Feldbau
Zwei Dinge sind hier zu tun:

1. *Der Boden muss gerodet werden.* Das machen die Männer. Zunächst „gürteln“ sie einige Bäume, indem sie die Rinde ringsum einkerben. Dadurch sterben die Bäume ab. Gleichzeitig roden sie mit Hackmesser und Feuer das Buschwerk.
2. *Der Boden muss bepflanzt werden.* Das machen anschließend die Frauen. Sie pflanzen zwischen den stehen gebliebenen Baumstümpfen mit Hilfe eines Grabstockes, dessen Ende spatenartig verbreitert ist, Bananen und Maniok. Obwohl die Maniokstaude 2 m hoch wird, kann man nur ihre Wurzelknollen nutzen: Man gewinnt Stärkemehl aus ihnen.

Haustierzucht
Die Bantu halten vorwiegend Hühner und Ziegen.

Bodenverhältnisse
Der Boden ist schon nach ein paar Jahren erschöpft. Dann muss ein neues Stück gerodet werden. Inzwischen wird die alte Fläche rasch wieder überwuchert.

Häuserbau
Sie bauen rechteckige Hütten und errichten sie zum Schutz gegen Tiere und Feuchtigkeit oft auf Pfählen. So stehen die Hütten unter mächtigen Palmen in langer Reihe nebeneinander.

Verständigung
Von Dorf zu Dorf verständigt man sich mit Hilfe der Trommelsprache, die im Wald weithin hörbar ist.

Erläuterung

Dies ist selbstverständlich nur eine von mehreren Möglichkeiten, den Originaltext in Gliederung/Ordnung zu verbessern. Im Einzelnen hat sich Folgendes verändert:

Äußere Gliederung: Organisierender Vorspann: Der Leser wird am Anfang darüber informiert, was er in diesem Text erfahren soll und in welcher Reihenfolge. Überschriftete Unterabschnitte: Die einzelnen Informationsteile sind schon im Schriftbild deutlich voneinander abgesetzt.

Innere Ordnung: Folgerichtigkeit der Informationsvermittlung: Durch die Einführung des Oberbegriffs „Ernährung" werden Feldbau und Haustierzucht in einen sinnvollen Zusammenhang gebracht.

Logische Verknüpfung: Um einzelne Wissensteile sinnvoll zu verbinden, werden geeignete Bindewörter benutzt („zunächst" – „gleichzeitig" – „anschließend" – „obwohl"). Dadurch werden zeitliche und logische Beziehungen kenntlich gemacht.

Die Verbesserung eines Textes in Gliederung/Ordnung erfordert es, die dem Textinhalt innewohnende Struktur zu erkennen. Hier kann es hilfreich sein, sich eine Skizze anzufertigen. Nehmen wir z. B. noch einmal den Originaltext über die Abweichungserlaubnis beim Tacho (Text A auf Seite 19):

> § 57 StVZO: „Die Anzeige der Geschwindigkeitsmesser darf vom Sollwert abweichen in den letzten beiden Dritteln des Anzeigebereiches – jedoch mindestens von der 50 km/st-Anzeige ab, wenn die letzten beiden Drittel des Anzeigebereiches oberhalb der 50 km/st-Grenze liegen – 0 bis + 7 vom Hundert des Skalenendwertes; bei Geschwindigkeiten von 20 km/st und darüber darf die Anzeige den Sollwert nicht unterschreiten."

Mit der Skizze (S. 70) lässt sich der Sachverhalt gut anordnen, und der verbesserte Text B (ebenfalls auf Seite 19) lässt sich daraus gut entwickeln.

Es hat sich bewährt, eine für das Schreiben hilfreiche Skizze auch dem Leser zur Verfügung zu stellen und sie dem Text hinzuzufügen. Ein systematisches Wissen über die verständnisfördernde Gestaltung von textergänzenden Skizzen und Abbildungen haben wir allerdings bislang noch nicht erarbeiten können.

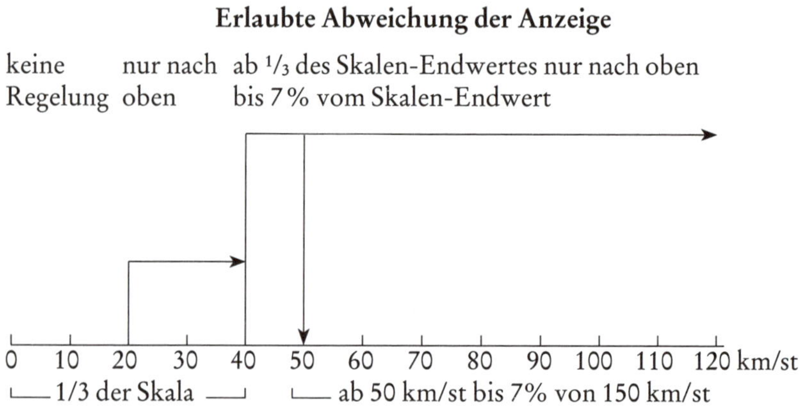

Verbesserung in Kürze/Prägnanz

Der folgende Text ist ein Ausschnitt aus einem Brief. Versuchen Sie den Text so zu kürzen, dass die wesentliche Information – in geraffter Form – erhalten bleibt. Dabei sollte der höfliche Ton der Vorlage nicht verloren gehen.

... In Anbetracht Ihres Schreibens, dass Sie mit der letzten Aufsatzzensur, die ich Ihrem Sohn gegeben habe, nicht einverstanden sind, möchte sich Ihnen folgenden Vorschlag unterbreiten: Um eine befriedigende Klärung dieser Angelegenheit zu erreichen, würde ich es sehr begrüßen, wenn wir uns zu einem persönlichen oder telefonischen Gespräch zusammenfinden könnten.

Rückmeldung: In Kürze/Prägnanz verbesserte Fassung

Ist Ihnen eine Kürzung des Textes bei Erhaltung aller wesentlichen Informationen gelungen? Wie viele Wörter enthält Ihr Text? Vergleichen Sie bitte mit unserem Text:

> ... Sie schreiben mir, Sie sind mit der letzten Aufsatzzensur Ihres Sohnes nicht einverstanden. Ich würde es sehr begrüßen, wenn wir hierüber persönlich oder telefonisch sprechen könnten.

Anmerkung: Der Originaltext enthält 49 Wörter, der in Kürze/Prägnanz verbesserte Text nur 26. Das entspricht einer Einsparung von ca. 45% . Die Kürzung hat in diesem Fall gleichzeitig zu einer gewissen Vereinfachung geführt.

Verbesserung in Anregenden Zusätzen

In dem folgenden Text geht es um die Frage: Was ist Notwehr?

Notwehr

Wer sich selbst oder einen anderen gegen einen Angriff verteidigt, handelt in Notwehr und wird nicht bestraft. Dabei ist allerdings Folgendes zu beachten:

1. Die Verteidigung muss erforderlich sein.
Hätte sich der Angriff auch anders, d.h. mit weniger starken Mitteln abwenden lassen, dann liegt keine Notwehr vor.

2. Der Angriff muss gegenwärtig sein.
Hat er schon früher stattgefunden oder soll er erst stattfinden, dann liegt keine Notwehr vor.

3. Der Angriff muss rechtswidrig sein.
Handelt es sich um einen legitimen Angriff (z.B. Polizeieinsatz), dann liegt keine Notwehr vor.

Bitte gestalten Sie diesen Lehrtext so um, dass er viele Anregende Zusätze erhält. Aber passen Sie auf: Gliederung/Ordnung darf nicht darunter leiden! Und lassen Sie den Text nicht zu lang werden – höchstens doppelt so lang wie das Original! Ihre Textfassung soll sich an 12- bis 14-jährige Schüler richten. Schreiben Sie bitte Ihren Text auf ein Blatt.

✎

Rückmeldung: Fassung mit vielen Anregenden Zusätzen

Notwehr – was ist das?

Wenn dich jemand angreift, dann darfst du dich wehren. Selbst wenn du den Angreifer dabei verletzt, wirst du nicht bestraft. Man sagt: „Es war Notwehr." Aber Vorsicht! Es gibt da wichtige Einschränkungen:

1. Deine Verteidigung muss unbedingt erforderlich sein, um den Angreifer abzuschütteln. Also nicht gleich ein Messer in den Bauch, wenn jemand dich ans Ohr fasst! Da reicht es vielleicht schon, ihn auf die Finger zu klopfen.

2. Der Angriff muss gegenwärtig sein, also im Moment gerade stattfinden. Klar: Wenn dich gestern jemand angegriffen hat, und du gibst ihm heute Saures, dann ist das Rache, aber keine Notwehr.

3. Der Angriff muss rechtswidrig sein, also gegen die Gesetze verstoßen. Gibt es denn auch Angriffe, die nicht gegen das Gesetz verstoßen? O ja! Denk an einen Polizisten, der einen Verbrecher angreift, um ihn zu verhaften. Wehe dem Gauner, wenn er sich dagegen wehrt! Das ist „Widerstand gegen die Staatsgewalt" – aber keine Notwehr.

Noch etwas: Wenn ein anderer angegriffen wird, und du – hilfsbereit wie du bist – springst herbei und wendest dich gegen den Angreifer: Ist das von dir dann auch Notwehr? Du wirst dich wundern: Auch das ist Notwehr, wenn man jemand anderem beisteht. Aber achte auch hier auf die drei Einschränkungen!

Erläuterung: Bei Anregenden Zusätzen gibt es verschiedene Möglichkeiten. Dies war nur eine davon. Verwendet wurden: Persönliches Ansprechen des Lesers, wörtliche Rede, Rufsätze (… „aber Vorsicht!"), konkrete Beispiele, saloppe, witzige Formulierungen (mancher wird dies nicht witzig finden, das ist Geschmackssache), Fragen, die zum Denken oder Neugierigwerden anregen sollen („ist das von dir dann auch Notwehr? Du wirst dich wundern: …"). Wie Sie sehen, hat der Text in Kürze/Prägnanz ziemlich gelitten. Um Ihnen ganz deutlich zu machen, wie sich Anregende Zusätze verwenden lassen, hat der Autor möglichst viel davon „hineingepackt".

Texte verbessern in allen Merkmalen

Was geschah bisher?
Sie kennen die vier Merkmale der Verständlichkeit. Sie können die Verständlichkeit von Texten beurteilen, und Sie können Texte in einzelnen Merkmalen verbessern.

Was geschieht jetzt?
Jetzt lernen Sie, Texte in allen Merkmalen gleichzeitig zu verbessern.

Wie geschieht das?
Sie bearbeiten vier Texte, die alle schlecht verständlich sind. Verfahren Sie bitte bei jedem Text so: Lesen Sie ihn durch, und beurteilen Sie ihn in den vier Merkmalen. Vergleichen Sie Ihr Urteil mit den angegebenen richtigen Urteilen. Verbessern Sie den Text, machen Sie ihn möglichst verständlich. Vergleichen Sie Ihre Fassung mit dem Rückmelde-Text – er zeigt Ihnen *eine* Möglichkeit, wie man es machen kann.

Text 1

Stellen Sie sich bitte vor, Sie wollen Ihren Schülern (5./6. Schuljahr, Volksschule) die Verbrechen Nötigung und Aktive Bestechung erklären. Es liegt Ihnen folgender Gesetzestext vor:

Nötigung
Wer einen anderen zu einer Handlung, zu einer Duldung oder zu einem Unterlassen rechtswidrig mit Gewalt oder durch Drohung mit einem empfindlichen Übel nötigt, wird wegen Nötigung bestraft.

Aktive Bestechung
Wer einem Beamten Geschenke oder Vorteile bietet, verspricht oder gewährt, um ihn zu einer Handlung zu bestimmen, die eine Verletzung seiner Amts- oder Dienstpflicht darstellt, wird wegen Bestechung bestraft.

Einfachheit	Gliederung/Ordnung
Kürze/Prägnanz	Anregende Zusätze

Richtige Beurteilung:

Einfachheit – –	Gliederung/Ordnung 0
+ + Kürze/Prägnanz	– – Anregende Zusätze

Bitte beginnen Sie jetzt mit der Verbesserung der Gesetzestexte. Zur Erleichterung empfehlen wir Ihnen, noch einmal auf Seite 41f den Text 4 „Drei Verbrechen“ zu studieren. Er gibt Ihnen ein gutes Beispiel.

✎

Rückmeldung zu Text 1: Verbesserte Fassung

Zwei Verbrechen

Ihr wisst sicher, dass es verschiedene Verbrechen gibt. Hier auf diesem Blatt findet ihr zwei Verbrechen genauer beschrieben. Bitte merkt sie euch so, dass ihr sie auseinander halten könnt!

Nötigung

Jemand zwingt einen anderen, dass er etwas Bestimmtes tut, zulässt oder nicht tut. Dabei wendet er Gewalt an oder droht etwas Schlimmes an. Dieses Verbrechen ist *Nötigung*.

Beispiel: Jemand zwingt einen Hausbewohner mit drohend vorgehaltener Pistole, ihn vor der Polizei zu verstecken.

Aktive Bestechung

Jemand gibt oder bietet einem Beamten ein Geschenk oder andere Vorteile. Oder er verspricht ihm dies für später. Der Beamte soll dafür etwas tun, was gegen seine Pflicht ist. Dieses Verbrechen ist *aktive Bestechung*.

Beispiel: Ein betrunkener Autofahrer bietet einem Polizisten Geld an, damit dieser ihn nicht anzeigt.

Dieser Text wurde von Experten folgendermaßen beurteilt:

Einfachheit + +	Gliederung/Ordnung + +
+ Kürze/Prägnanz	0 Anregende Zusätze

Text 2

Der folgende Text ist eine Kurz-Zusammenfassung einer wissenschaftlichen Untersuchung. Er ist einer Fachzeitschrift entnommen.

Merkmalszusammenhänge in der sprachlichen Kommunikation von Lehrern und Schülern im Unterricht

11 Lehrer(innen), die im 8. bis 9. Volksschuljahr unterrichten, führten in ihren Klassen Unterrichtsgespräche über den gleichen, Schülern verschiedenen Alters geläufigen Gegenstand durch. Die Gespräche wurden vollständig auf Tonband aufgenommen und auf 12 Merkmale der sprachlichen Kommunikation von Lehrern und Schülern hin analysiert. Die Befunde früherer Arbeiten, die auf ein Übergewicht von Lehrern in den unterrichtlichen Interaktionen sowie auf nicht-zufällige Zusammenhänge im Sprachverhalten von Lehrern und Schülern schließen lassen, konnten durch die vorliegenden Ergebnisse bestätigt und ergänzt werden. Erwartungsgemäß erwiesen sich die beobachteten interindividuellen Unterschiede in der sprachlichen Dominanz von Lehrern sowie in der Bevorzugung verschiedener Beeinflussungsstrategien als unabhängig vom Alter der Schüler wie auch von der Klassenstärke. Die Befunde legen die Annahme nahe, dass die analysierten Sprachmerkmale nicht wesentlich von äußeren unterrichtlichen Bedingungen, sondern von persönlichen Haltungen der Lehrer abhängen.

Einfachheit	Gliederung/Ordnung
Kürze/Prägnanz	Anregende Zusätze

Richtige Beurteilung:

Einfachheit –	Gliederung/Ordnung –
+ Kürze/Prägnanz	– – Anregende Zusätze

Versuchen Sie nun bitte, den Text so umzuformen, dass er für Schüler (9. Klasse) verständlich wird. Schreiben Sie bitte Ihren Text auf ein Blatt. Sie haben dafür 25 Minuten Zeit.

✎

Rückmeldung zu Text 2: Verbesserte Fassung

Wie sprechen Lehrer und Schüler miteinander im Unterricht?

Wissenschaftler wollten das wissen und haben eine Untersuchung gemacht. Für diese Untersuchung führten 11 Lehrer(innen) in ihren Klassen Unterrichtsgespräche durch – alle über den gleichen Stoff. Der Stoff war für die Schüler (8. bis 9. Schuljahr) nicht neu. Alle Gespräche wurden auf Tonband aufgenommen. Die Wissenschaftler haben sich diese Aufnahmen angehört und dabei auf 12 verschiedene Dinge geachtet. Folgende Ergebnisse sind dabei herausgekommen:

1. Wie der Lehrer spricht und wie die Schüler sprechen: Das hängt miteinander zusammen. Vielleicht weil sie sich gegenseitig beeinflussen.
2. Lehrer sprechen mehr als Schüler, gleichgültig, wie groß die Klasse ist und wie alt die Schüler sind.
3. Wie Lehrer es anstellen, die Schüler zu beeinflussen: Das ist ebenfalls unabhängig davon, wie groß die Klasse ist und wie alt die Schüler sind.

Aufgrund früherer Untersuchungen haben die Wissenschaftler diese Ergebnisse schon erwartet. Sie sind der Meinung: Wie ein Lehrer mit seinen Schülern spricht, das hängt von seiner persönlichen Einstellung ab und nicht so sehr von äußeren Umständen, wie Klassengröße oder Alter der Schüler.

Beurteilung dieses Textes:

Einfachheit + +	Gliederung/Ordnung +
+ Kürze/Prägnanz	– Anregende Zusätze

Text 3

Bitte lesen Sie die folgende amtliche Bekanntmachung der Gemeinde Tornesch (Schleswig-Holstein) vom 23.1.1974:

Bekanntmachung

Betr.: Schulanfänger August 1974 in der Gemeinde Tornesch

Nach § 2 Abs. 1 des Gesetzes über die Schulpflicht vom 5.12.1955, in der Fassung vom 26.3.1971, beginnt für alle Kinder, die bis zum 30. Juni 1974 einschließlich das sechste Lebensjahr vollendet haben, mit dem im August einsetzenden Schuljahr 1974/75 die Pflicht zum Besuch der Grundschule.

Die Eltern oder Erziehungsberechtigten, die *nicht unmittelbar* von der Grundschule der Fritz-Reuter-Schule aufgefordert worden sind, werden gebeten, soweit ihre Kinder in der Zeit vom 1. Juli 1967 bis 30. Juni 1968 geboren sind, die schulpflichtigen Kinder, die bisher nicht die hiesige Vorschule besucht haben *am Donnerstag, dem 7. März 1974, zwischen 8.30 und 11.30 Uhr* im Sekretariat der Fritz-Reuter-Schule in Tornesch, Königsberger Straße, anzumelden und dem Schularzt vorzustellen.

Auf Antrag der Eltern oder Erziehungsberechtigten können auch Kinder, die in der Zeit vom 1. Juli 1968 bis zum 31. Dezember 1968 geboren wurden, bei amtsärztlicher und durch die Schule festgestellter Schulreife nach erfolgter Anmeldung eingeschult werden.

Alle vom 1. Juli 1968 bis zum 30. Juni 1969 geborenen Kinder können durch freiwilligen Elternwunsch den hiesigen Vorschulklassen nach Aufforderung durch die Schule und erfolgter Anmeldung zugeführt werden.

Geburtsurkunde und Impfunterlagen sind bei der Anmeldung vorzulegen. Anträge auf Zurückstellung eines Schulanfängers sind an das Sekretariat der zuständigen Grundschule zu richten.

Einfachheit	Gliederung/Ordnung
Kürze/Prägnanz	Anregende Zusätze

Richtige Beurteilung:

Einfachheit	Gliederung/Ordnung
–	–
0	– –
Kürze/Prägnanz	Anregende Zusätze

Bitte verbessern Sie den Text in den Merkmalen der Verständlichkeit. Anregende Zusätze sind nicht erforderlich. Zeit: 25 Minuten.

✎

Rückmeldung zu Text 3: Verbesserte Fassung

Schulanfänger August 1974 in Tornesch
Bekanntmachung an die Eltern und Erziehungsberechtigten

Welche Kinder kommen in diesem Jahr zur Schule?
Das neue Schuljahr beginnt im August 1974. Schulpflichtig werden alle Kinder, die ihren 6. Geburtstag vor dem 1. Juli 1974 feiern.

Was müssen die Eltern dieser Kinder tun?
Sie müssen die Kinder bei der Schule anmelden und dem Schularzt vorstellen. Manche Eltern sind dazu von der Fritz-Reuter-Schule schon aufgefordert worden. Wenn Sie nicht aufgefordert worden sind und wenn Ihr Kind auch die Vorschule hier nicht besucht hat, dann melden Sie es bitte an:

> Donnerstag, 7. März 1974, zwischen 8.30 und 11.30 Uhr, Sekretariat der Fritz-Reuter-Schule, Tornesch, Königsberger Straße.

Bitte *Geburtsurkunde* und *Impfunterlagen* der Kinder mitbringen! Wenn Sie möchten, dass Ihr schulpflichtiges Kinder noch nicht zur Schule kommen soll, dann schreiben Sie bitte einen Antrag an die Schule.

Was ist mit Kindern, die am 1. Juli 1974 noch keine 6 Jahre alt sind?
Wenn Ihr Kind ein wenig jünger ist, aber 1968 geboren ist, können Sie es auch schon anmelden. Aber Sie müssen einen Antrag stellen. Der Amtsarzt und die Schule stellen dann fest, ob Ihr Kind schon schulreif ist.

Und dann gibt es noch die Vorschule
Ist Ihr Kind zwischen dem 1. Juli 1968 und dem 30. Juni 1969 geboren? Dann können Sie es zur hiesigen Vorschule anmelden. Das ist aber ganz freiwillig.

Beurteilung dieses Textes:

Einfachheit + +	Gliederung/Ordnung + +
+ Kürze/Prägnanz	– Anregende Zusätze

Text 4

Bitte lesen Sie folgenden Text. Er stammt aus einem Kaufvertrag.

Übernahmebedingungen beim Kauf eines gebrauchten Kfz

1. Der Kaufgegenstand gilt mit der Ablieferung an den Käufer oder seinen Beauftragten als übernommen und ordnungsgemäß geliefert.

2. Bleibt der Käufer nach Anzeige der Bereitstellung mit der Übernahme des Kaufgegenstandes oder der Erteilung der Versandvorschrift oder der Erfüllung seiner Zahlungsverpflichtungen oder der Erstellung der vereinbarten Sicherheit länger als acht Tage im Rückstand, so ist der Verkäufer nach Setzung einer Nachfrist von acht Tagen berechtigt, vom Vertrag zurückzutreten oder Schadenersatz wegen Nichterfüllung zu verlangen. Im letzteren Fall ist der Verkäufer berechtigt, unbeschadet der Möglichkeit, einen höheren tatsächlichen Schaden geltend zu machen, 15% des Verkaufspreises als Entschädigung zu fordern. In diesem Falle ist der Nachweis des Schadens nicht nötig. Macht der Verkäufer von diesen Rechten keinen Gebrauch, so hat er, unbeschadet seiner sonstigen Rechte, die Befugnis, über den Kaufgegenstand frei zu verfügen.

Einfachheit	Gliederung/Ordnung
Kürze/Prägnanz	Anregende Zusätze

Richtige Beurteilung:

Einfachheit	Gliederung/Ordnung
– –	–
+	– –
Kürze/Prägnanz	Anregende Zusätze

Versuchen Sie nun bitte, diesen Text so umzuformen, dass er für Schüler (10. Klasse, Mittelschule) verständlich wird. Schreiben Sie Ihren Text bitte auf ein Blatt. Sie haben dafür 25 Minuten Zeit.

✎

Rückmeldung zu Text 4: Verbesserte Fassung

Übernahmebedingungen beim Kauf eines gebrauchten Kfz

Der folgende Abschnitt beschreibt, wann der Käufer ein Kraftfahrzeug (Kfz) übernimmt und welche Rechte und Pflichten Käufer und Verkäufer dabei haben.

I. Übernahme eines Kfz
Das Kfz wird an den Käufer oder seinen Beauftragten abgeliefert. Damit ist das Kfz

1. vom Käufer übernommen;
2. ordnungsgemäß an ihn abgeliefert.

II. Welche Rechte und Pflichten haben Käufer und Verkäufer?
Der Verkäufer teilt dem Käufer mit: Das Kfz steht für ihn bereit.
Der Käufer hat jetzt verschiedene Verpflichtungen:

1. *Übernahme:* Er muss das Kfz übernehmen.
2. *Versand:* Wenn er es nicht abholen will, muss er angeben, wie und wohin das Kfz gesendet werden soll.
3. *Zahlung:* Er muss den vereinbarten Zahlungsverpflichtungen nachkommen.
4. *Sicherheit:* Falls dies vereinbart wurde, muss er dem Verkäufer eine Sicherheit geben, dass dieser sein Geld bekommt (z. B. einen Bürgen nennen). Der Käufer muss alle Verpflichtungen, die auf ihn zutreffen, innerhalb von 8 Tagen erfüllen. Versäumt er dies, muss der Verkäufer ihm zunächst eine Nachfrist von weiteren 8 Tagen setzen. Wenn der Käufer auch bis zu diesem Termin nichts tut, kann der Verkäufer dann:

a) vom Vertrag zurücktreten oder
b) Schadenersatz verlangen.

Wie hoch ist der Schadenersatz? Der Verkäufer darf 15% des Verkaufspreises fordern. Will er mehr Geld fordern, muss er nachweisen, dass sein Schaden auch tatsächlich so hoch ist.

Was passiert mit dem Kfz? Wenn der Verkäufer keinen Schadenersatz fordert, kann er mit dem Kfz machen, was er will. Das ist unabhängig von seinen sonstigen Rechten.

Beurteilung dieses Textes

Einfachheit + +	Gliederung/Ordnung + +
+ Kürze/Prägnanz	– – Anregende Zusätze

Texte selbst verfassen

Was geschah bisher?
Sie kennen die vier Merkmale der Verständlichkeit. Sie können Texte in diesen vier Merkmalen beurteilen. Sie können Texte in einzelnen Merkmalen verbessern. Sie können Texte in allen Merkmalen gleichzeitig verbessern.

Was geschieht jetzt?
In dieser letzten Übung wenden Sie das, was Sie bisher gelernt haben, selbständig an: Sie verfassen – ohne Vorlage – gut verständliche Texte.

Wie geschieht das?
Wir bitten Sie, drei Texte zu schreiben. Wir geben Ihnen dabei nur das Lehrziel vor – also das, was der Leser aus Ihrem Text lernen soll. Wenn Sie Ihren Text fertig haben, können Sie ihn wieder mit einem Experten-Text vergleichen.

Aufgabe 1

Bitte erklären Sie etwa 10-jährigen Jugendlichen in verständlicher Form, was diese Verkehrszeichen bedeuten.

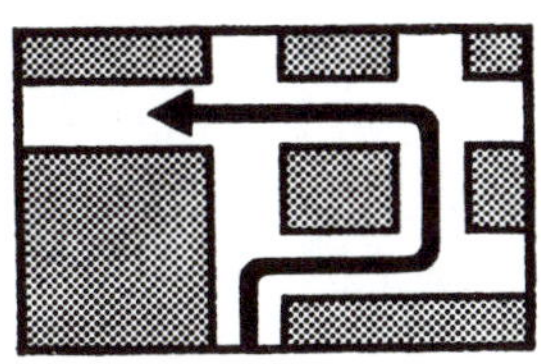

Schreiben Sie Ihre Erklärungen auf den Rest dieser Seite oder auf ein Blatt nieder. Sie können davon ausgehen, dass die Leser die Verkehrszeichen vor Augen haben, wenn sie Ihren Text lesen.

✎

Rückmeldung zu Aufgabe 1

Dieses Verkehrszeichen bedeutet: Ein vorheriges Verbot ist aufgehoben. Lastwagen dürfen jetzt wieder andere Fahrzeuge überholen.

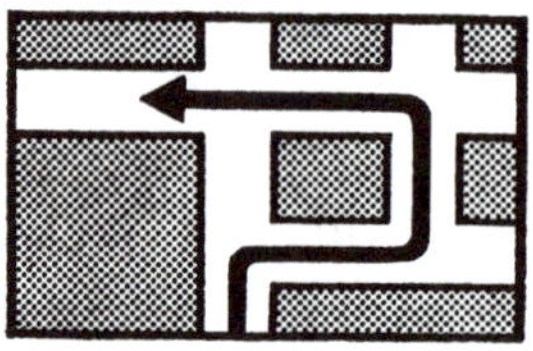

Dieses Verkehrszeichen ist für dich nur wichtig, wenn du bei der nächsten Kreuzung links abbiegen willst. Sonst brauchst du es gar nicht zu beachten.

Zum Links-Abbiegen musst du einen kleinen Umweg fahren. Der Pfeil zeigt den Weg: Fahre sofort rechts, dann die nächste Straße links, und dann noch einmal die nächste Straße links. Dann bist du auf der Straße, in die du abbiegen wolltest.

Aufgabe 2

Jetzt wird es etwas schwieriger. Bitte schreiben Sie für einen Neuling im Straßenverkehr auf, wie die Vorfahrt an der abgebildeten Kreuzung geregelt ist, und zwar

1. wenn die Ampeln im Betrieb sind und
2. wenn sie abgeschaltet sind.

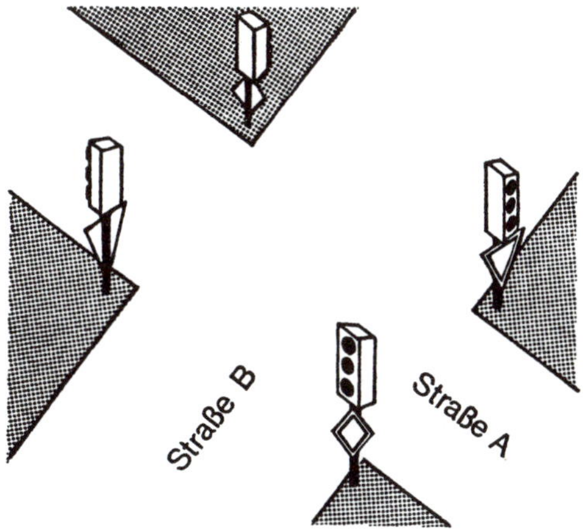

Sie können davon ausgehen, dass der Leser die Abbildung zusammen mit Ihrem Text vor Augen hat.

✎

Rückmeldung zu Aufgabe 2

Wie ist die Vorfahrt an dieser Straßenkreuzung geregelt? Wenn eine Kreuzung sowohl Ampeln als auch Vorfahrtschilder hat, dann gilt der Grundsatz:

a) Brennt normal das Ampellicht, gelten Vorfahrtsschilder nicht.
b) Ist die Ampel gar nicht an, sind die Vorfahrtsschilder dran.

Fall a): Ampel ist in Betrieb.
Normalerweise zeigen die Ampeln für die eine Straße rot und für die andere grün an. Dies wechselt in kurzen Abständen, wobei die Farbe Gelb den Wechsel ankündigt. Wer Grün hat, darf fahren. Darf geradeausfahren oder abbiegen. Die Verkehrsteilnehmer der anderen Straße haben während dieser Zeit Rot und müssen vor der Kreuzung warten.

Fall b): Ampel ist nicht in Betrieb.
Hier gibt es zwei Möglichkeiten: Die Ampeln sind ganz abgeschaltet oder sie blinken gelb auf. In beiden Fällen regeln jetzt die Schilder, wer Vorfahrt hat. Dreieckige Schilder mit rotem Rand, Spitze nach unten (Straße A), zeigen an: Achtung, die von der kreuzenden Straße kommenden Fahrer haben Vorfahrt! Nur wenn du diese nicht behinderst, darfst du auf die Kreuzung fahren. – Die vorfahrtsberechtigte Straße (B) hat quadratische gelbe Schilder mit weißem Rand, die „auf der Spitze" stehen.

Experten-Beurteilung:

Einfachheit + +	Gliederung/Ordnung + +
0 Kürze/Prägnanz	0 Anregende Zusätze

Aufgabe 3

Sie sind Lehrer. Sie möchten Ihren Schülern unser Verständlichkeitskonzept nahe bringen. Ihre Unterrichtsziele im Einzelnen:

Die Schüler sollen die vier Merkmale der Verständlichkeit kennen lernen. (Dabei genügt eine kurze Beschreibung der Merkmale, die Schüler brauchen keine ausgebildeten Verständlichkeitsbeurteiler werden.)

Die Schüler sollen die Verständlichkeit von acht Lehrern, die in ihrer Klasse unterrichten, beurteilen. Dann sollen sie für jeden Lehrer ein Beurteilungsfenster anlegen und es richtig ausfüllen können.

Ihre Aufgabe: Die Schüler erhalten das hier abgebildete Beurteilungsblatt. Darauf sollen sie ihre Eintragungen vornehmen. Bitte verfassen Sie einen Informationstext, aus dem die Schüler alles hierzu Notwendige erfahren.

✎

Beurteilungsblatt

++ bedeutet: stark positiv
+ bedeutet: positiv
o bedeutet: mittelmäßig
– bedeutet: negativ
– – bedeutet: stark negativ

Lehrer:

Einfachheit	Gliederung/Ordnung
Kürze/Prägnanz	Anregende Zusätze

Lehrer:

Einfachheit	Gliederung/Ordnung
Kürze/Prägnanz	Anregende Zusätze

Lehrer:

Einfachheit	Gliederung/Ordnung
Kürze/Prägnanz	Anregende Zusätze

Lehrer:

Einfachheit	Gliederung/Ordnung
Kürze/Prägnanz	Anregende Zusätze

Lehrer:

Einfachheit	Gliederung/Ordnung
Kürze/Prägnanz	Anregende Zusätze

Lehrer:

Einfachheit	Gliederung/Ordnung
Kürze/Prägnanz	Anregende Zusätze

Lehrer:

Einfachheit	Gliederung/Ordnung
Kürze/Prägnanz	Anregende Zusätze

Lehrer:

Einfachheit	Gliederung/Ordnung
Kürze/Prägnanz	Anregende Zusätze

Rückmeldung zu Aufgabe 3

Schüler beurteilen Lehrer

Sonst bekommst du immer von deinen Lehrern Zensuren. Heute sollst du sie beurteilen, und zwar in vier Eigenschaften. Die Zensuren sollst du auf das andere Blatt eintragen. Aber zunächst musst du wissen, wie alles gemacht wird.

Welche Eigenschaften sollst du beurteilen?

Du sollst jeden deiner Lehrer in den folgenden vier Eigenschaften beurteilen:

1. *Einfachheit:* Damit ist gemeint, dass jemand sich einfach und verständlich ausdrückt (nicht so kompliziert und mit vielen Fremdwörtern).
2. *Gliederung/Ordnung:* Damit ist gemeint, dass jemand den Stoff gegliedert und übersichtlich darstellt (nicht so, dass alles durcheinander geht).
3. *Kürze/Prägnanz:* Damit ist gemeint, dass jemand das Wichtigste kurz und bündig bringt (und nicht lange herumredet).
4. *Anregende Zusätze:* Damit ist gemeint, dass jemand den Stoff interessant und lebendig darstellt (und nicht so nüchtern und trocken).

Jeder Lehrer bekommt also vier Zensuren.

Welche Zensuren kannst du geben?

Auf dem Beurteilungsblatt Seite 92 sind fünf verschiedene Zeichen. Das sind Zensuren. + + ist die beste, – – ist die schlechteste Zensur; 0 bedeutet „mittelmäßig".

Wo sollen die Zensuren eingetragen werden?

Auf dem Blatt sind im unteren Teil 8 leere Beurteilungsfenster: eins für jeden deiner 8 Lehrer. Trage darin bitte die Zensuren ein. Für die 4 Zensuren sind in jedem Fenster 4 Abteilungen frei. Lege für jeden deiner Lehrer ein Fenster an; schreibe immer seinen Namen darüber.

Beispiel: Angenommen, du willst einem Lehrer Meier folgende Zensuren geben: + in Einfachheit, weil er da recht gut ist; – – in Gliederung/Ordnung, weil er da ganz schlecht ist; 0 in Kürze/Prägnanz, weil er da mittelmäßig ist, und + + in Anregende Zusätze, weil er da sehr gut ist.

Zusammenfassung:

1. Präge dir ein, was die vier Eigenschaften bedeuten.
2. Lege für jeden Lehrer ein freies Kästchen an, insgesamt acht. Schreibe über jedes Kästchen den Namen des Lehrers.
3. Überlege dir bei jedem Lehrer, welche Zensuren du ihm geben willst.

Achte beim Eintragen darauf, dass du die Zensuren richtig anordnest.

Von Experten wurde dieser Text so beurteilt:

Einfachheit	Gliederung/Ordnung
+ +	+ +
+	0
Kürze/Prägnanz	Anregende Zusätze

Teil II

Beispielsammlung: Leicht und schwer verständliche Texte

Einleitung: Was erwartet Sie in diesem Teil

In Teil I haben Sie gelernt, welche Merkmale einen leicht verständlichen Text auszeichnen. Sie können Texte auf diese Merkmale hin beurteilen. Sie sind in der Lage, schwer verständliche Texte verständlicher zu machen, und vermutlich gelingt es Ihnen auch, leicht verständliche Texte selbst zu verfassen.

In diesem Teil möchten wir Ihnen anhand von Beispielen noch einmal veranschaulichen, wie stark sich Texte – bei gleichem Inhalt – in ihrer Verständlichkeit unterscheiden können. Einige Beispiele dafür haben Sie auf den vorhergehenden Seiten schon kennen gelernt. Es waren Beispiele aus der Straßenverkehrs-Zulassungsordnung (S. 33f), aus dem Strafgesetzbuch (S. 71ff), aus dem Schulunterricht (S. 78ff), aus der Soziologie (S. 53ff), aus Bedienungsanleitungen (S. 46ff) und amtlichen Bekanntmachungen (S. 81ff). Jetzt folgen Texte aus den Bereichen: Finanzbehörde, Gesetzgebung, Verträge, Versicherungen, Rentenregelung, Informationstechnologie, Schulunterricht und Wissenschaft.

Diese Texte ließen wir von Psychologen und anderen Personen, die in verständlicher Textgestaltung besonders geübt waren, umgestalten. Zu jedem Originaltext entstand so eine zweite, wesentlich verständlichere Fassung. Aus unseren Forschungsarbeiten (s. Teil V) wissen wir, dass diese nach unserem Konzept gestalteten Neufassungen von den Lesern viel besser verstanden werden als die ursprünglichen Texte.

Die folgenden Beispiele zeigen eindringlich, wie schwer verständlich viele Texte unseres alltäglichen Lebens sind. Und sie zeigen, dass dies nicht notwendig so sein muss. Das Zuhören, Lesen und Lernen könnte viel einfacher sein, und es könnte schneller gehen und mehr Freude bringen – wenn die Verfasser sich mehr Mühe geben würden oder wenn sie ihre Texte von anderen überarbeiten ließen, die in der verständlichen Textgestaltung größere Fähigkeiten haben.

Texte zu finanziellen Regelungen im Alltag

Der Staat gibt und nimmt. Er zieht Steuern ein und er gewährt Vergünstigungen. Dabei ist es Sache der Bürger, darauf zu achten, dass sie nicht zu viel zahlen und dass sie bekommen, was ihnen zusteht. Dazu ist es oft nötig, Anträge zu stellen – z. B. auf Lohnsteuer-Jahresausgleich oder auf Gewährung einer Sparprämie. Beratungsblätter sollen helfen, die gesetzlichen Regelungen zu verstehen und die Antragsformulare richtig auszufüllen.

Aber die Informationstexte der Behörden erfüllen diese Aufgaben oft nur ungenügend, weil sie zu schwer zu verstehen sind. Das zeigen die beiden folgenden Original-Texte. Es erscheint uns leicht nachfühlbar, dass viele Menschen angesichts solcher Schwerverständlichkeit auf ihnen zustehende Geldbeträge verzichten müssen.

Wir haben die beiden ursprünglichen Texte sprachlich neu gestaltet. Diese Neufassungen – das wissen wir aus unseren Forschungsarbeiten – verstehen die meisten Menschen wesentlich besser. Vielleicht lassen sich einige Verantwortliche in den Behörden hierdurch anregen, künftig auf mehr Verständlichkeit zu achten. Wir hoffen es sehr. In unseren Augen ist ein Kennzeichen demokratischen Zusammenlebens: Die staatlichen Stellen drücken sich in ihren Informationen, Verordnungen und Gesetzen so aus, dass die Bürger es auch verstehen können.

Beratungsblatt für Lohnsteuerzahler

Original-Text*

Stimmen Familienstand, Kinderzahl und Steuerklasse?

Für die Eintragungen im Abschnitt I Ihrer Lohnsteuerkarte 1971 durch die Gemeindebehörde gilt Folgendes:

a) Die Steuerklasse III, gegebenenfalls auch die Zahl der unter 18 Jahre alten Kinder, ist bei Arbeitnehmern einzutragen, die am 1.1.1971

aa) verheiratet sind, wenn beide Ehegatten unbeschränkt steuerpflichtig sind und nicht dauernd getrennt leben und der Ehegatte des Arbeitnehmers keinen Arbeitslohn bezieht oder zwar Arbeitslohn bezieht, für ihn jedoch eine Lohnsteuerkarte V (vgl. Nr. 7) ausgeschrieben ist;

* Aus dem Amtlichen Beratungsblatt für Lohnsteuerzahler, Finanzbehörde Hamburg, 1971

bb) verwitwet sind, wenn sie und ihr verstorbener Ehegatte im Zeitpunkt seines Todes unbeschränkt steuerpflichtig waren und in diesem Zeitpunkt nicht dauernd getrennt gelebt haben. Das gilt jedoch nur, wenn der Ehegatte im Kalenderjahr 1970 verstorben ist oder der Arbeitnehmer ein nach dem 1.1.1953 geborenes Kind hat, das aus der Ehe mit dem Verstorbenen hervorgegangen ist oder für das mindestens einem der Ehegatten auch in dem Kalenderjahr, in dem der Ehegatte verstorben ist, ein Kinderfreibetrag (Kinderermäßigung) zustand.

b) Die Steuerklasse IV, gegebenenfalls auch die Zahl der unter 18 Jahren alten Kinder, ist bei den unter a Doppelbuchstaben aa bezeichneten Arbeitnehmer einzutragen, wenn beide Ehegatten Arbeitslohn beziehen. Das gilt nicht, wenn für einen Ehegatten eine Lohnsteuerklasse mit der Steuerklasse V (vgl. Nr. 7) ausgeschrieben ist.

c) Die Steuerklasse II, gegebenenfalls auch die Zahl der unter 18 Jahren alten Kinder, ist bei den nicht unter a oder b bezeichneten Arbeitnehmern einzutragen, wenn sie zu Beginn des 1.9.1970

aa) das 49. Lebensjahr vollendet haben, d.h. vor dem 2.9.1921 geboren sind, oder

bb) unter 18 Jahre alte (d.h. nach dem 1.1.1953 geborene) Kinder haben.

d) Die Steuerklasse I ist bei allen anderen nicht unter a, b und c aufgeführten Arbeitnehmern einzutragen.

Als Kinder gelten: eheliche Kinder, eheliche Stiefkinder, für ehelich erklärte Kinder, Adoptivkinder, nichteheliche Kinder im Verhältnis zur leiblichen Mutter und Pflegekinder (nicht Kostkinder).

Einfachheit – –	Gliederung/Ordnung +
+ Kürze/Prägnanz	– – Anregende Zusätze

Verbesserter Text

Stimmen Familienstand, Kinderzahl und Steuerklasse?

Im Abschnitt I Ihrer Lohnsteuerkarte 1971 hat die Gemeindebehörde Ihre *Steuerklasse* (I, II, III oder IV) und evtl. die Anzahl der Kinder eingetragen.

Wie können Sie prüfen, ob für Sie die richtige Steuerklasse eingetragen worden ist?

Im Folgenden stehen mehrere *Steuerklassen* mit ihren Beschreibungen. Nur eine dieser Beschreibungen trifft vollständig auf Sie zu. Diese suchen Sie bitte heraus. Links daneben steht dann Ihre Steuerklasse.

IV *Steuerklasse:* Sie sind am 1.1.1971 *verheiratet.* Sie leben mit Ihrem Ehegatten zusammen, also nicht immer getrennt. Sie müssen beide normal Steuern zahlen. Ihr Ehegatte bezieht auch Arbeitslohn und hat nicht die Steuerklasse V.

III *Steuerklasse:* Für Sie trifft die erste Beschreibung mit folgendem Unterschied zu: Ihr Ehegatte bezieht keinen Arbeitslohn oder aber er hat die Steuerklasse V.

III *Steuerklasse:* Sie sind am 1.1.1971 verwitwet. Als Ihr Ehegatte starb, lebten Sie nicht dauernd getrennt von ihm. Bevor er (sie) starb, mussten Sie beide normal Steuern zahlen. Ihr Gatte ist im Kalenderjahr 1970 verstorben, oder aber Sie haben ein Kind, das nach dem 1.1.1953 geboren ist (es kann auch beides zutreffen). Ist Ihr Gatte früher als 1970 verstorben, dann muss das Kind von ihm (ihr) sein oder mindestens einer von Ihnen muss einen Kinderfreibetrag (Kinderermäßigung) erhalten haben, und zwar auch in dem Jahr noch, als Ihr Gatte starb.

II *Steuerklasse:* Die vorhergehenden Steuerklassen treffen auf Sie nicht zu. Aber eine oder sogar beide der folgenden Aussagen trifft auf Sie zu:

a) Sie sind vor dem 2.9.1921 geboren.
b) Sie hatten am 1.9.1970 ein oder mehrere Kinder, die noch nicht 18 Jahre alt waren.

I *Steuerklasse:* Keine der Steuerklassen IV–II trifft auf Sie vollständig zu.

Kinder

Neben der Steuerklasse ist auch die Zahl der Kinder unter 18 Jahren eingetragen. Als Kinder im Sinne dieses Abschnittes gelten: eheliche Kinder, eheliche Stiefkinder, für ehelich erklärte Kinder, Adoptivkinder, nichteheliche Kinder im Verhältnis zur leiblichen Mutter und Pflegekinder (nicht Kostkinder).

Einfachheit +	Gliederung/Ordnung + +
0 Kürze/Prägnanz	– Anregende Zusätze

Sparprämie

Original-Text*

Prämien nach dem Spar-Prämiengesetz und dem Wohnungsbau-Prämiengesetz sowie der Sonderausgabenabzug von Bausparverträgen können nicht in allen Fällen nebeneinander in Anspruch genommen werden. Die Sparer müssen sich dann entscheiden, welche der drei genannten Vergünstigungen sie in Anspruch nehmen wollen (Wahlrecht). Dabei gelten folgende Grundsätze:

A. Die begünstigten Aufwendungen sind auf Grund von *nach* dem 8. Dezember 1966 abgeschlossenen Verträgen geleistet worden.
In diesen Fällen kann nur *eine* der *drei* genannten Vergünstigungen (Sparprämie, Wohnungsbauprämie oder Sonderausgabenabzug von Bausparverträgen) in Anspruch genommen werden.

B. Die begünstigten Aufwendungen sind auf Grund von vor dem 9. Dezember 1966 abgeschlossenen Verträgen geleistet worden.
Sparprämie, Wohnungsbauprämie und Sonderausgabenabzug können nebeneinander gewährt werden. Für Beiträge an Bausparkassen kann jedoch nur entweder eine Wohnungsbauprämie oder der Sonderausgabenabzug beantragt werden.

C. Es sind begünstigte Aufwendungen sowohl auf Grund von *nach* dem 8. Dezember 1966 abgeschlossenen als auch auf Grund von vor dem 9. Dezember 1966 abgeschlossenen Verträgen geleistet worden.

In diesen Fällen gelten die Ausführungen zu A. Falls der Sparer jedoch darauf verzichtet, Vergünstigungen für Aufwendungen zu beantragen, die er auf Grund von nach dem 8. Dezember 1966 abgeschlossenen Verträgen geleistet hat, gelten die Ausführungen zu B.

Das Wahlrecht wird durch den zuerst gestellten Antrag ausgeübt. Der Sparer, sein Ehegatte – vorausgesetzt, die Ehegatten waren während des ganzen Kalenderjahres 1970 verheiratet und haben nicht dauernd getrennt gelebt –, seine Kinder können ihr Wahlrecht zugunsten einer Prämie nur einheitlich ausüben. *Die zuerst ausgeübte Wahl kann nicht widerrufen werden.*

Einfachheit 0	Gliederung/Ordnung +
+ Kürze/Prägnanz	– – Anregende Zusätze

* Aus dem Amtlichen Erläuterungsblatt für den Antrag auf Gewahrung einer Sparprämie

Verbesserter Text

Dieser Abschnitt ist für Sie wichtig, wenn Sie und Ihre Familie (Ihre Ehefrau bzw. Ehemann und Ihre Kinder) *mehrere* prämienbegünstigte Sparverträge gleichzeitig laufen haben. Folgende Verträge sind hier möglich:

1. Prämiensparvertrag
2. Bausparvertrag.

Für diese Verträge gibt Ihnen der Staat folgende Vergünstigungen:

1. eine Sparprämie für den Prämiensparvertrag
2. eine Wohnungsbauprämie für den Bausparvertrag
3. Steuerfreiheit für Ihre Bausparverträge.

Unter welchen Umstanden können Sie nun Prämien für mehr als einen Vertrag beanspruchen?
Es kommt darauf an, wann die Verträge abgeschlossen worden sind:

a) Alle Verträge nach dem 8. Dezember 1966
Wenn Sie und Ihre Familie danach mehrere Verträge abgeschlossen haben, bekommen Sie trotzdem *nur für einen* dieser Verträge eine der drei oben genannten Vergünstigungen. Sie müssen sich entscheiden, für welchen Vertrag Sie die Vorteile ausnutzen wollen: Sie haben Wahlrecht.

b) Alle Verträge vor dem 9. Dezember 1966
Wenn Sie und Ihre Familie mehrere Verträge abgeschlossen haben, können Sie *für jeden* dieser Verträge eine der drei Vergünstigungen bekommen.
Dabei gibt es jedoch eine *Einschränkung*: Bei Ihrem Bausparvertrag müssen Sie sich entscheiden, ob Sie eine Wohnungsbauprämie oder die Steuerfreiheit für Ihre Bausparverträge beantragen wollen, beides gleichzeitig ist nicht möglich.

Beispiel: Herr M. hat für sich und seine Familie vor dem 9.12.1966 zwei Prämiensparverträge und einen Bausparvertrag abgeschlossen. Er hat zwei Möglichkeiten, sich zu entscheiden:

1. Für alle drei Verträge beantragt er Prämien.
2. Für die beiden Prämiensparverträge beantragt er die Prämien, für den Bausparvertrag die Steuerfreiheit seiner Bausparbeiträge.

c) Mischfall
Sind die Verträge *vor* dem 9.12.1966 und zum Teil *nach* dem 8.12.1966 abgeschlossen worden, dann können Sie grundsätzlich nur *eine* Prämie beantragen (siehe a).

Ausnahme: Sie verzichten auf die Vergünstigungen für die Verträge *nach* dem 8.12.1966. Für die restlichen Verträge gilt dann das unter b) Gesagte.

Beispiel: Herr K. und seine Familie haben zwei Prämiensparverträge vor dem 9.12.1966 und einen Bausparvertrag nach dem 8.12.1966 abgeschlossen. Er verzichtet auf die Vergünstigungen für seinen Bausparvertrag und kann jetzt für beide *Prämiensparverträge* die Prämien beantragen.

Wenn Sie als Sparer Ihre Wahl treffen, beachten Sie bitte Folgendes:

- Der erste Antrag, den Sie, Ihre Frau (Ihr Mann) oder Ihre Kinder stellen, gilt als Ihre Wahl.
  Diese Wahl können Sie nicht widerrufen.
- Sie können Ihre Wahl mit Ihrem Ehegatten und Ihren Kindern nur einheitlich treffen, und zwar zugunsten *einer* Prämie.

Dies gilt allerdings nur, wenn

1. die Ehe von Anfang bis Ende 1970 bestanden hat,
2. die Ehegatten auch zusammen waren, also nicht getrennt lebten.

Einfachheit +	Gliederung/Ordnung + +
+ Kürze/Prägnanz	– Anregende Zusätze

Vertragstexte

Ein wichtiger Teil der Beziehungen der Bürger untereinander wird durch *Verträge* geregelt. Hierin legen die Beteiligten genau fest, welche Rechte und Pflichten jeder hat. Wenn Sie selbst einmal einen Vertrag unterschrieben haben, werden Sie sich vermutlich bemüht haben, den Inhalt genau zu verstehen, um sich vor unangenehmen Überraschungen zu schützen. Vielleicht haben Sie dabei auch gemerkt: Vertragstexte sind oft eher geeignet, Verwirrung zu stiften als Klarheit zu bringen.

Als Beispiel hierfür wieder zwei Original-Texte. Nach jedem Text folgt wie üblich die von uns verbesserte Fassung. Sie beweisen: es geht auch anders. Viele Menschen würden sich weniger unbehaglich fühlen, wenn die Verträge, die sie unterzeichnet haben, so verständlich abgefasst wären.

Anstellungsvertrag

Original-Text*

Angestellter verpflichtet sich, während eines Zeitraumes von ... nach Beendigung des Dienstverhältnisses weder ein Geschäft zu errichten noch zu betreiben, noch sich unmittelbar oder mittelbar an einem solchen zu beteiligen, noch für ein solches unmittelbar oder mittelbar tätig zu sein.

Für die Zeit des Wettbewerbsverbots steht ihm die Hälfte des bisher bezogenen Gehaltes zu, das jeweils am Monatsschluss nachträglich zahlbar sein soll. Er muss sich jedoch auf die fällige Entschädigung dasjenige aufrechnen lassen, was er in dieser Zeit durch anderweite Verwertung seiner Arbeitskraft erworben oder zu erwerben böswillig unterlassen hat; hierüber hat er auf Verlangen Auskunft zu erteilen.

Angestellter verpflichtet sich zu einer Vertragsstrafe von ... für jeden Fall einer Zuwiderhandlung.

Das Wettbewerbsverbot wird unwirksam, wenn Angestellter aus einem wichtigen Grunde berechtigt ist, den Vertrag aufzulösen und innerhalb eines Monats erklärt, dass er sich an die Vereinbarung nicht gebunden hält.

Einfachheit –	Gliederung/Ordnung 0
+ + Kürze/Prägnanz	– – Anregende Zusätze

* Aus dem Anstellungsvertrag für kaufmännische Angestellte, Wettbewerbsverbot. § 6 RNK, Verlag-Nr. 501

Verbesserter Text

Der folgende Abschnitt erklärt, was das Wettbewerbsverbot ist, wann es gilt und welche Rechte und Pflichten der Angestellte und sein Arbeitgeber dabei haben.

1. Was bedeutet „Wettbewerbsverbot?"
Wenn das Dienstverhältnis zwischen dem Angestellten und seinem Arbeitgeber beendet ist, darf der Angestellte ... Monate lang

- kein Geschäft errichten oder betreiben
- sich an keinem Geschäft beteiligen und
- in keiner Weise dafür tätig sein – auch nicht indirekt.

2. Welche Pflichten hat der Arbeitgeber in dieser Zeit?
Für die Zeit des Wettbewerbsverbots muss der Arbeitgeber dem Angestellten die Hälfte seines bisherigen Gehaltes zahlen. Ausgezahlt wird das Geld immer am Monatsende.

Einschränkung:
a) Der Angestellte *muss* in dieser Zeit versuchen, Geld zu verdienen, und zwar mit einer Arbeit, die nicht unter das Wettbewerbsverbot fällt. Dieses Geld wird auf die Zahlungen des Arbeitgebers angerechnet.
b) Auch wenn der Angestellte *absichtlich* kein Geld verdienen will, wird ihm das angerechnet, was er hätte verdienen können.

Der Angestellte muss in beiden Fällen seiner Firma darüber Auskunft geben, wenn sie es verlangt.

3. Was passiert, wenn der Angestellte das Wettbewerbsverbot nicht einhält?
Er verpflichtet sich, eine Vertragsstrafe von __________ € zu zahlen.

4. Wann gilt das Wettbewerbsverbot nicht?
Der Angestellte kündigt aus einem wichtigen Grund. Zusätzlich erklärt er innerhalb eines Monats, dass er sich an das Wettbewerbsverbot nicht gebunden fühlt. Erst dann wird es ungültig.

Einfachheit +	Gliederung/Ordnung + +
+ Kürze/Prägnanz	– Anregende Zusätze

Kaufvertrag

Original-Text*

1. Der Kaufgegenstand gilt mit der Ablieferung an den Käufer oder seinen Beauftragten als übernommen und ordnungsgemäß geliefert.
2. Bleibt der Käufer nach Anzeige der Bereitstellung mit der Übernahme des Kaufgegenstandes oder der Erteilung der Versandvorschrift oder der Erfüllung seiner Zahlungsverpflichtungen oder der Erstellung der vereinbarten Sicherheit länger als 8 Tage im Rückstand, so ist der Verkäufer nach Setzung einer Nachfrist von 8 Tagen berechtigt, vom Vertrag zurückzutreten oder Schadenersatz wegen Nichterfüllung zu verlangen. Im letzteren Fall ist der Verkäufer berechtigt, unbeschadet der Möglichkeit einen höheren tatsächlichen Schaden geltend zu machen, 15% des Verkaufspreises als Entschädigung zu fordern. In diesem Falle ist der Nachweis des Schadens nicht nötig. Macht der Verkäufer von diesen Rechten keinen Gebrauch, so hat er, unbeschadet seiner sonstigen Rechte, die Befugnis, über den Kaufgegenstand frei zu verfügen.

Einfachheit	Gliederung/Ordnung
–	0
+	– –
Kürze/Prägnanz	Anregende Zusätze

Verbesserter Text

Der folgende Abschnitt beschreibt, wann der Käufer ein Kraftfahrzeug (Kfz) übernimmt und welche Rechte und Pflichten Käufer und Verkäufer dabeihaben.

I. Übernahme eines Kfz

Der Verkäufer liefert das Kfz an den Käufer oder seinen Beauftragten ab. Damit ist das Kfz

1. vom Käufer übernommen und
2. ordnungsgemäß an ihn geliefert.

II. Welche Rechte und Pflichten haben Verkäufer und Käufer?

Der Verkäufer teilt dem Käufer mit: Das Kfz steht für ihn bereit. Der Käufer hat jetzt verschiedene Verpflichtungen:

1. *Übernahme oder Versand.* Er muss das Kfz übernehmen oder angeben, wie und wohin das Kfz gesendet werden soll.

* Aus einem Kaufvertrag für gebrauchte Kraftfahrzeuge. VII. Formblatt Nr. 319.054.00, 7/68

2. *Zahlung oder Sicherheit.* Er muss den vereinbarten Kaufpreis zahlen oder dem Verkäufer eine Sicherheit geben, dass dieser sein Geld bekommt (z.B. einen Bürgen nennen).

Erfüllt der Käufer eine dieser Verpflichtungen nicht innerhalb von 8 Tagen, muss der Verkäufer ihm zunächst eine *Nachfrist* von weiteren *8 Tagen* setzen. Wenn der Käufer auch bis zu diesem Termin nichts tut, kann der Verkäufer dann:

a) vom Vertrag zurücktreten oder
b) Schadenersatz verlangen.

Wie hoch ist der Schadenersatz? Der Verkäufer darf 15% des Verkaufspreises fordern. Will er mehr Geld fordern, muss er nachweisen, dass sein Schaden auch tatsächlich so hoch ist.

Was passiert mit dem Kfz? Wenn der Verkäufer keinen Schadenersatz fordert, kann er mit dem Kfz machen, was er will. Das ist unabhängig von seinen sonstigen Rechten.

Einfachheit + +	Gliederung/Ordnung + +
+ Kürze/Prägnanz	– Anregende Zusätze

Gesetzestexte

Gesetze haben Regelungen für die verschiedenen Lebenssituationen von Millionen von Bürgern zum Inhalt. Leider sind sie häufig sprachlich so formuliert, dass sehr viele Menschen sie nicht oder nur nach längerem Bemühen verstehen. Bei den neuen Gesetzen ist allerdings ein Bestreben erkennbar, sie leserfreundlicher zu gestalten, so auch bei den hier vorgestellten Texten. Jedoch werden Sie wahrscheinlich feststellen, dass noch vieles verständlicher ausgedrückt werden kann und sollte.

Mietrecht

Originaltext*

§ 548
Fristlose Kündigung aus wichtigem Grund

(1) Jeder Vertragspartner kann das Mietverhältnis aus wichtigem Grund ohne Einhaltung einer Kündigungsfrist kündigen. Ein wichtiger Grund liegt vor, wenn dem Kündigenden unter Berücksichtigung aller Umstände des Einzelfalls und unter Abwägung der beiderseitigen Interessen die Fortsetzung des Mietverhältnisses bis zum Ablauf der Kündigungsfrist oder bis zur sonstigen Beendigung des Mietverhältnisses nicht zugemutet werden kann.

(2) Ein wichtiger Grund liegt insbesondere vor, wenn

1. dem Mieter der vertragsmäßige Gebrauch der gemieteten Sache ganz oder zum Teil nicht rechtzeitig gewährt oder wieder entzogen wird,
2. der Mieter die Rechte des Vermieters dadurch in erheblichem Maße verletzt, dass er die Sache durch Vernachlässigung der ihm obliegenden Sorgfalt erheblich gefährdet oder die Sache unbefugt einem Dritten überlässt oder
3. der Mieter
   - für zwei aufeinander folgende Termine mit der Zahlung der Miete oder eines nicht unerheblichen Teils der Miete im Verzug ist oder

* Quelle: Die vom Deutschen Bundestag herausgegebene Drucksache 14/3896 vom 17.07.2000: Entwurf eines Gesetzes zur Vereinfachung des Mietrechts (Mietrechtsvereinfachungsgesetz), S. 4

– in einem Zeitraum, der sich über mehr als zwei Termine erstreckt, mit der Zahlung in Höhe eines Betrages in Verzug gekommen ist, der die Miete für zwei Monate erreicht.

Die Kündigung ist ausgeschlossen, wenn der Vermieter vorher befriedigt wird. Sie wird unwirksam, wenn sich der Mieter von seiner Schuld durch Aufrechnung befreien konnte und unverzüglich nach der Kündigung die Aufrechnung erklärt.

(3) Besteht der wichtige Grund in der Verletzung einer Pflicht aus dem Mietvertrag, ist die Kündigung erst nach erfolglosem Ablauf einer zur Abhilfe bestimmten angemessenen Frist oder nach erfolgloser Abmahnung zulässig. Dies gilt nicht, wenn

1. eine Frist oder Abmahnung offensichtlich keinen Erfolg verspricht,
2. die sofortige Kündigung aus besonderen Gründen unter Abwägung der beiderseitigen Interessen gerechtfertigt ist oder
3. der Mieter mit der Zahlung der Miete im Sinne des Absatzes 2 Nr. 3 im Verzug ist.

(4) Auf das dem Mieter nach Absatz 2 Nr. 1 zustehende Kündigungsrecht sind die §§ 539, 540 und 469 bis 471 entsprechend anzuwenden. Ist streitig, ob der Vermieter den Gebrauch der Sache rechtzeitig gewährt oder vor dem Ablauf der zur Abhilfe bestimmten Frist die Abhilfe bewirkt hat, trifft ihn die Beweislast.

Einfachheit 0	Gliederung/Ordnung +
0 Kürze/Prägnanz	– – Anregende Zusätze

Verbesserter Text

§§ 548 Fristlose Kündigung aus wichtigem Grund

(1) Jeder Vertragspartner – also Mieter und Vermieter – kann den Mietvertrag sofort kündigen, ohne eine Kündigungsfrist einzuhalten, allerdings nur dann, wenn ein wichtiger Grund vorliegt.

Was ist ein „wichtiger Grund"?
Ein wichtiger Grund liegt dann vor, wenn es dem Kündigenden einfach nicht zugemutet werden kann, den Vertrag noch länger einzuhalten. Allerdings müssen dabei im Einzelfall die Interessen beider Parteien abgewogen werden.

Beispiel: Ein Mieter benutzt die Wohnung als „Müllkippe". Hierbei kann es dem Vermieter nicht zugemutet werden, noch lange Kündigungsfristen einzuhalten. Aber kann er seinen Mieter von heute auf morgen auf die Straße setzen? Nicht in jedem Fall. Es müssen auch die Folgen für den anderen Vertragspartner bedacht werden.

(2) Wichtige Gründe, die eine fristlose Kündigung erlauben, sind z. B.:

1. Der Mieter kann die Wohnung, für die er bezahlt, gar nicht, nicht rechtzeitig oder nur zu einem Teil nutzen, oder eine schon begonnene Nutzung wird ihm vom Vermieter wieder verwehrt.
2. Der Mieter gefährdet die Wohnung (oder die Räume, die er gemietet hat – es kann auch z. B. eine Garage sein), indem er sie verkommen lässt. Oder er überlässt sie ohne Erlaubnis einer anderen Person.
3. Wenn der Mieter die Miete nicht gezahlt hat. Ist er nur einen Monat im Rückstand, liegt noch kein „wichtiger Grund" vor. Aber wenn er zwei Monate nicht (oder längst nicht genug) gezahlt hat, kann er fristlos gekündigt werden. Auch wenn er mehrfach zu wenig gezahlt hat und seine Schulden sich auf zwei Monatsmieten summiert haben.
   Wenn der Mieter dann doch noch zahlt, kann er nicht fristlos gekündigt werden. Auch nicht, wenn er nach einer Kündigung ganz schnell reagiert und doch noch zahlt. Oder wenn er seine Schulden aufrechnet, falls er seinerseits noch Geldforderungen an den Vermieter hat. Wenn er das dem Vermieter sofort mitteilt, dann gilt die fristlose Kündigung nicht.

(3) Wenn der Mieter oder Vermieter eine andere Pflicht nicht erfüllt, die im Mietvertrag steht, dann darf in der Regel nicht sofort gekündigt werden.

Regel: Erst muss eine Abmahnung erfolgen oder eine angemessene Frist gesetzt werden: Bis dann und dann muss die Pflicht erfüllt sein. Wenn der andere seine Pflicht dann immer noch nicht erfüllt, kann er gekündigt werden.

Ausnahme: Es kann sofort gekündigt werden, wenn
a) eine Frist oder Abmahnung offensichtlich keinen Erfolg verspricht.
b) besondere Gründe vorliegen – allerdings immer unter Abwägung beider Interessen.
c) der Mieter nicht (genug) gezahlt hat – siehe Absatz 2!

(4) Auf das Kündigungsrecht, das dem *Mieter* zusteht, wenn er die gemietete Sache gar nicht oder nur teilweise nutzen kann, sind die §§ 539, 540 und 469–471 entsprechend anzuwenden. Wenn sich die Parteien uneinig sind, ob der obige Fall vorliegt, dann trifft den Vermieter die Beweislast. Er muss nachweisen, dass die gemietete Sache auch wirklich zur Verfügung stand.

Einfachheit +	Gliederung/Ordnung +
0 Kürze/Prägnanz	+ Anregende Zusätze

Raumplanung

Originaltext*

§ 14 Abs. 2 des Raumplanungsgesetzes, LGBl.Nr. 34/1996
Einkaufszentren sind Gebäude oder Gebäudeteile einschließlich der damit im Zusammenhang stehenden sonstigen baulichen Anlagen, wie beispielsweise Verkaufszelte und Überdachungen, mit Verkaufsflächen von insgesamt mehr als 400 m², in den Talsohlen von Leiblachtal, Rheintal und Walgau von insgesamt mehr als 600 m², die für den Verkauf von Waren des täglichen Bedarfs, insbesondere von Lebensmitteln bestimmt sind, oder mit einer Verkaufsfläche von insgesamt mehr als 1500 m².

Einfachheit – –	Gliederung/Ordnung – –
+ + Kürze/Prägnanz	– – Anregende Zusätze

Verbesserter Text: Raumplanung

(Verständlicher gestaltet von Juristinnen und Juristen im Rahmen eines Verständlichkeitstrainings)

§ 14 Abs. 2 des Raumplanungsgesetzes, LGBl.Nr. 34/1996
Was ist ein Einkaufszentrum? Ein Einkaufszentrum ist ein Gebäude oder ein Gebäudeteil, in dem Waren verkauft werden. Dazu gehören auch die damit zusammenhängenden baulichen Anlagen, wie z. B. Verkaufszelte und Überdachungen.

Die Verkaufsfläche muss aber mindestens 1500 m² groß sein.

Bei Waren des täglichen Bedarfs, z. B. Lebensmittel, gibt es örtliche Sonderregelungen für die Mindestgröße:
- in den Talsohlen des Rheintals, Walgaus und des Leiblachtals 600 m²;
- im übrigen Landesgebiet 400 m².

Einfachheit + +	Gliederung/Ordnung + +
+ Kürze/Prägnanz	0 Anregende Zusätze

* Quelle: Entwurf eines Gesetzes der Landesregierung Voralberg in Österreich

Texte von Versicherungen

Ein weiteres wichtiges Thema im Alltag: Versicherungen. Wir bringen wieder zwei Original-Texte und die jeweils verbesserte, wesentlich verständlichere Fassung.

Hausratversicherung

Original-Text*

1. Die Entschädigung für den Zeitwertschaden ist zwei Wochen nach ihrer vollständigen Feststellung fällig: jedoch kann einen Monat nach Anzeige des Schadens als Abschlagszahlung der Betrag verlangt werden, der nach Lage der Sache mindestens zu zahlen ist. Die Entschädigung für den Zeitwertschaden ist nach Ablauf eines Monats seit der Anzeige des Schadens mit 1 vom Hundert unter dem Diskontsatz der Deutschen Bundesbank, aber mit nicht mehr als 6 vom Hundert und mit nicht weniger als 4 vom Hundert für das Jahr zu verzinsen. Der Lauf der Fristen ist gehemmt, solange infolge des Verschuldens des Versicherungsnehmers die Entschädigungssumme nicht ermittelt oder nicht gezahlt werden kann. Soweit die Zahlung der Entschädigung von der Sicherstellung der Wiederbeschaffung oder Wiederherstellung abhängt, wird sie zwei Wochen nach Eintritt dieser Voraussetzung fällig. Die Verzinsung erfolgt nach Bestimmungen des Satzes 2. Zinsen sind erst fällig, wenn die Entschädigungssumme selbst fällig ist.

2. Der Versicherer ist berechtigt, die Zahlung aufzuschieben
   a) wenn Zweifel an der Berechtigung des Versicherungsnehmers zum Zahlungsempfang bestehen, bis zur Beibringung des
   b) wenn eine polizeiliche oder strafgerichtliche Untersuchung aus Anlass des Schadens gegen den Versicherungsnehmer eingeleitet ist, bis zum Abschluss dieser Untersuchung.

3. Wenn der Entschädigungsanspruch nicht innerhalb einer Frist von sechs Monaten geltend gemacht wird, nachdem der Versicherer ihn unter Angabe der mit dem Ablauf der Frist verbundenen Rechtsfolge schriftlich abgelehnt hat, ist der Versicherer von der Entschädigungspflicht frei.

Einfachheit –	Gliederung/Ordnung +
+ Kürze/Prägnanz	– – Anregende Zusätze

* § 17 (1) und (2) aus den Versicherungsbedingungen der „Berlinischen Feuer-Versicherungsanstalt“

Verbesserter Text

In diesem Abschnitt wird geregelt, wann und unter welchen Bedingungen die Versicherung eine Entschädigung zahlen muss.

I. Wann muss die Versicherung den Zeitwertschaden ersetzen?
Bei jedem Schaden muss erst einmal vollständig festgestellt werden, wie groß er ist. 2 Wochen danach muss die Versicherung erst zahlen.

II. Was passiert, wenn nach einem Monat der Schaden nicht vollständig festgestellt wurde?
Auszahlung eines Teilbetrages: Einen Monat nach der Anzeige des Schadens kann der Versicherte verlangen, dass ihm ein Teilbetrag gezahlt wird. Dieser Teilbetrag ist so hoch, wie der Gesamtbetrag nach Lage der Dinge *mindestens* ist.

III. Wann und wie wird die Entschädigungssumme verzinst?
Einen Monat nach der Anzeige wird der Betrag, der noch zu zahlen ist, verzinst. Die Zinsen werden zusammen mit der Entschädigungssumme ausgezahlt. *Höhe der Zinsen:* 1% unter dem Diskontsatz der Deutschen Bundesbank, jedoch höchstens 6% und mindestens 4% im Jahr.

IV. In welchen Fällen gelten diese Fristen nicht?
1. Wenn der Versicherte daran schuld ist, dass...
2. Wenn die Zahlung davon abhängig ist, ob...
3. Wenn Zweifel bestehen, ob...
4. Wenn Polizei oder Staatsanwaltschaft gegen den Versicherten... eine Untersuchung eingeleitet haben.

V. Wann braucht die Versicherung überhaupt nicht mehr zu zahlen?
a) Wenn die Versicherung einen Entschädigungsanspruch schriftlich abgelehnt hat;
b) wenn sie gleichzeitig darauf hingewiesen hat, dass der Versicherte innerhalb von sechs Monaten Einspruch erheben muss.

Einfachheit	Gliederung/Ordnung
+	+ +
+	– –
Kürze/Prägnanz	Anregende Zusätze

Unfallversicherung

Original-Text*

Das Gesetz über die Unfallversicherung für Schüler und Studenten sowie Kinder in Kindergärten ist die angemessene Antwort des Gesetzgebers auf eine mittlerweile oft zitierte Bemerkung des Bundesgerichtshofes, wonach es einem sozialen Rechtsstaat sehr wohl anstünde, einem ihm mit der Einschulung anvertrauten Schulkind in geeigneter Weise Fürsorge zuteil werden zu lassen und dafür zu sorgen, daß bei durch schulische Maßnahmen (Turnunterricht) erlittenen Körperschäden eine angemessene öffentlich-rechtliche Entschädigung gewährt wird.

Die Einbeziehung von rund 12 Millionen Personen, das ist ein Fünftel der Bevölkerung der Bundesrepublik, in die gesetzliche Unfallversicherung wirft für die mit dem Gesetzesvollzug betrauten Versicherungsträger – sie gehören fast ausschließlich der Bundesarbeitsgemeinschaft der gemeindlichen Unfallversicherungsträger e.V. als Mitglieder an – eine Reihe von Problemen auf. Einmal von der Altersschichtung des versicherten Personenkreises her, erfaßt die Versicherung nunmehr ebenso den 3 Jahre alten Kindergartenbesucher wie den Studenten von 25 und mehr Jahren. Zum anderen werden die von Rechtsprechung und Lehre entwickelten Kriterien des Versicherungsschutzes, die primär auf das Arbeitsleben abgestellt sind, nicht in jedem Fall und nicht ohne weiteres für die Schülerunfallversicherung übernommen werden können. Hier gilt es – unbeschadet mancher Anlaufschwierigkeiten, die wohl kaum vermeidbar sein werden – den rechten Weg zu finden, der das als sozialen Fortschritt konzipierte Gesetz auch in seiner Verwirklichung zu einem Gewinn für die Allgemeinheit, die letztlich die Finanzierung der Schülerunfallversicherung zu tragen hat, werden läßt.

Es kann ernsthaft nicht in Zweifel gezogen werden, daß die Leistungen der sozialen Unfallversicherung auch dem jungen Menschen den vom Bundesgerichtshof so sehr vermißten ausreichenden Schutz bieten. Auch für die Schülerunfallversicherung gelten die in § 537 der Reichsversicherungsordnung statuierten Aufgaben der gesetzlichen Unfallversicherung, nämlich Unfälle zu verhüten sowie den Unfallverletzten durch Wiederherstellung seiner Erwerbstätigkeit, durch Berufsförderung, durch Erleichterung der Verletzungsfolgen und schließlich durch Leistungen in Geld zu entschädigen.

Gerade die Unfallverhütung, die schon im jungen Menschen das Sicherheitsbewußtsein wecken und bilden, ihm die Gefahren der Umwelt in einer immer mehr der Technisierung zustrebenden Zeit deutlich ma-

* Aus einem Mitteilungsblatt zur gesetzlichen Unfallversicherung für Kinder im Kindergarten, Schüler und Studenten vom 1.5.1971

chen und ihn zugleich vor deren Unbilden schützen soll, ist ein nicht hoch genug zu wertendes humanitäres, letztlich aber auch volkswirtschaftlich bedeutsames und somit der Allgemeinheit frommendes Anliegen. Ihm werden die Träger der Schülerunfallversicherung ihre besondere Aufmerksamkeit zu widmen haben.

Einfachheit	Gliederung/Ordnung
– –	–
0	–
Kürze/Prägnanz	Anregende Zusätze

Verbesserter Text

In dieser Einführung wird beschrieben, welche Bedeutung das neue Gesetz hat. Außerdem wird im zweiten Teil auf einige Schwierigkeiten bei der praktischen Durchführung hingewiesen.

I. Bedeutung:
Das neue Gesetz besagt: Studenten, Schüler und Kindergartenkinder sind künftig gegen Unfälle versichert. Das ist ein sozialer Fortschritt. Denn Jugendliche sollten angemessen entschädigt werden, wenn sie während der Ausbildung (z.B. im Turnunterricht) einen Schaden erleiden. Dafür hat ein sozialer Rechtsstaat zu sorgen, wenn man ihm die Ausbildung anvertraut. Dieser Auffassung war auch der Bundesgerichtshof schon längst.

Zweifellos wird das neue Gesetz den jungen Menschen ausreichend schützen. Wie jede Unfallversicherung hat auch die neue Schülerunfallversicherung folgende Aufgaben: Entschädigung von Verletzten und Verhütung von Unfällen. Diese beiden Aufgaben sollen kurz erläutert werden:

Entschädigung von Verletzten: Verletzte sollen nicht nur durch Geld entschädigt werden, sondern auch durch Wiederherstellung ihrer Erwerbsfähigkeit, durch Berufsförderung und durch Erleichterung ihrer Verletzungsfolgen.

Verhütung von Unfällen: Diese Aufgabe ist besonders wichtig. Denn der junge Mensch ist heute mehr Gefahren ausgesetzt als früher. Durch aktive Unfallverhütung führt man dem Jugendlichen diese Gefahren vor Augen, so dass er die eigene Sicherheit zu schätzen lernt. Man tut also ein gutes Werk und spart auch noch Geld dabei. Die Versicherungsgesellschaften sollten deshalb hierauf besonders achten.

II. Schwierigkeiten:
Den Nutzen durch das neue Gesetz haben 12 Millionen Personen. Das ist ein Fünftel der Bevölkerung der Bundesrepublik. Die Versicherungsge-

sellschaften haben jetzt gesetzlich die Aufgabe, so vielen Menschen den Unfallschutz zu gewähren. Dabei treffen sie auf folgende Schwierigkeiten:

1. Die Versicherten haben ein sehr unterschiedliches Lebensalter: Kindergartenkinder sind zum Teil gerade einmal 3, Studenten dagegen häufig über 25 Jahre alt.
2. Bisher war es üblich, dass nur Menschen unfallversichert waren, die im Arbeitsleben stehen. Alle geltenden Gesetze und Regelungen sind hierauf abgestimmt und lassen sich nicht so einfach auf Schüler übertragen.

Diese unvermeidlichen Anfangsschwierigkeiten müssen überwunden werden. Nur dann kann unser neues Gesetz wirklich der Allgemeinheit nützen – immerhin bezahlt die Allgemeinheit ja die Schülerunfallversicherung.

Einfachheit	Gliederung/Ordnung
+	+ +
0	–
Kürze/Prägnanz	Anregende Zusätze

Texte zum Thema Rente

Die materielle Situation im Alter und die Höhe der Rente nach Erreichen der Altersgrenze ist für Millionen von Menschen sehr bedeutsam. In den letzten Jahren mussten vom Staat mehrfach Veränderungen in den Bestimmungen vorgenommen werden. Die Bundesversicherungsanstalt in Berlin bemühte sich, die Verunsicherung der Bevölkerung durch Informationsschriften zu vermindern. Beurteilen Sie selbst, wie leserzentriert dies erfolgte.

Anhebung der Altersgrenzen für Altersrenten

Original-Text*

Außer für die Regelaltersrente werden für alle anderen Altersrenten die Altersgrenzen angehoben.

Für die Versicherten, die nach dem 31.12.1936 geboren wurden, wird die Altersgrenze von 63 Jahren für die Altersrente für langjährig Versicherte auf das 65. Lebensjahr angehoben.

Die Altersgrenze für die Altersrente wegen Schwerbehinderung wird für die Geburtsjahrgänge ab 1941 von 60 Jahren schrittweise auf das 63. Lebensjahr angehoben.

Für die nach dem 31.12.1936 geborenen Versicherten wird die Altersgrenze für die Altersrente wegen Arbeitslosigkeit oder nach Altersteilzeitarbeit schrittweise auf das 65. Lebensjahr angehoben.

Für die nach dem 31.12.1939 geborenen Versicherten wird die Altersgrenze von 60 Jahren für die Altersrente für Frauen schrittweise auf das 65. Lebensjahr angehoben.

Für alle vorzeitigen Altersrenten besteht ein spezieller Vertrauensschutz hinsichtlich der Anhebung der Altersgrenzen. Eine vorzeitige Inanspruchnahme der genannten Rentenarten ist bei Vorliegen aller anderen Anspruchsvoraussetzungen nur mit Rentenabschlag möglich.

Nach Ende der schrittweisen Anhebung der Altersgrenzen wird es nur noch zwei Altersgrenzen geben: das 65. Lebensjahr für die Regelaltersrente und für die Altersrente für langjährig Versicherte sowie das 63. Lebensjahr für die Altersrente wegen Schwerbehinderung; die Altersrente für Frauen und wegen Arbeitslosigkeit oder nach Altersteilzeitarbeit wird es nicht mehr geben. Die Altersrente für langjährig Versicherte wird

* Quelle: Fremdwort Rente. 200 Begriffe verständlich gemacht. Herausgegeben von der Bundesversicherungsanstalt für Angestellte. Dezernat für Presse- und Öffentlichkeitsarbeit, 1999, S. 5. 10704 Berlin.

bereits ab dem 62. Lebensjahr und die Altersrente wegen Schwerbehinderung weiterhin mit dem 60. Lebensjahr in Anspruch genommen werden können, allerdings mit einem Rentenabschlag wegen vorzeitiger Inanspruchnahme der Altersrente.

Einfachheit – –	Gliederung/Ordnung – –
+ Kürze/Prägnanz	– – Anregende Zusätze

Verbesserter Text

Mit wie viel Jahren kann man künftig in Rente gehen, ohne einen Abschlag hinnehmen zu müssen?

Die Alters-Grenzen werden stufenweise erhöht. Dabei gibt es einige Besonderheiten:
Männer: Für die Älteren, die *vor* 1937 geboren sind, bleibt alles beim Alten: Die Alters-Grenze bleibt bei 63 Jahren.
Ab Jahrgang 1937 wird die Alters-Grenze schrittweise auf das 65. Lebensjahr erhöht.
Frauen: Ab Jahrgang 1940 wird die Altersgrenze schrittweise ebenfalls auf das 65. Lebensjahr erhöht. Bei Frauen, die vor 1940 geboren sind, bleibt es bei der Alters-Grenze von 60 Jahren.
Schwerbehinderte: Ab Jahrgang 1941 erfolgt schrittweise die Erhöhung der Alters-Grenze von 60 auf 63 Jahre.
Arbeitslose und Alters-Teilzeit-Beschäftigte: Ab Jahrgang 1937 wird die Alters-Grenze stufenweise auf 65 Jahre erhöht.

In Zukunft, *nach* der stufenweisen Anhebung, wird es dann nur noch zwei Alters-Grenzen geben:
Das 65. Lebensjahr für den Normalfall.
Das 63. Lebensjahr für Schwerbehinderte.

Kann man trotzdem vorzeitig in Rente gehen?

Ja, aber man muss dann einen Abschlag hinnehmen. Langjährig Versicherte können ab 62 Jahren in Rente gehen, Schwerbehinderte ab 60 Jahre.

Einfachheit + +	Gliederung/Ordnung + +
+ Kürze/Prägnanz	0 Anregende Zusätze

Altersteilzeitarbeit/Altersübergangsgeld

Original-Text*

Altersteilzeitarbeit

Die Altersteilzeitarbeit soll den gleitenden Übergang in den Ruhestand fördern. Sie ist zugleich eine Anspruchsvoraussetzung für die Rente nach Altersteilzeitarbeit.

Arbeitnehmer können danach ab dem vollendeten 55. Lebensjahr ihre Arbeitszeit um die Hälfte vermindern, müssen aber weiterhin sozialversicherungspflichtig bleiben.

Wird der Arbeitsplatz neu besetzt und sind weitere zusätzliche Leistungen (Aufstockung des Gehaltes, Entrichtung zusätzlicher Beiträge zur Rentenversicherung) vereinbart, erhält der Arbeitgeber hierfür einen Zuschuss der Bundesanstalt für Arbeit. Für die Altersrente wegen Altersteilzeitarbeit ist die Wiederbesetzung des freiwerdenden Arbeitsplatzes jedoch nicht Voraussetzung.

Altersübergangsgeld

Empfänger von Altersübergangsgeld in den neuen Bundesländern, die das 60. Lebensjahr vollendet haben, müssen ab 1.1.1995 einen Antrag auf Altersrente stellen, wenn sie die Anspruchsvoraussetzungen erfüllen. Wird dieser Antrag nicht gestellt, kann das Arbeitsamt die Zahlung des Altersübergangsgeldes einstellen.

Ist die Altersrente niedriger als das Altersübergangsgeld, zahlt das Arbeitsamt den Differenzbetrag als Ausgleich für die weitere Dauer des Anspruchs auf das Altersübergangsgeld.

Während des Bezugs des Altersübergangsgeldes zahlt das Arbeitsamt Beiträge zur Rentenversicherung.

Einfachheit – –	Gliederung/Ordnung – –
+ Kürze/Prägnanz	– – Anregende Zusätze

* Quelle: Fremdwort Rente. 200 Begriffe verständlich gemacht. Herausgegeben von der Bundesversicherungsanstalt für Angestellte. Dezernat für Presse- und Öffentlichkeitsarbeit, 1999, S. 4. 10704 Berlin.

Verbesserter Text

Alters-Teilzeitarbeit

Ab 55 Jahren haben Arbeitnehmerinnen und Arbeitnehmer die Möglichkeit, nur noch halb zu arbeiten! Der Übergang in den Ruhestand ist dann nicht so plötzlich.

Bei der Alters-Teilzeitarbeit besteht ein Anspruch auf die spätere Rente, wenn man weiterhin sozialversichert bleibt.

Allerdings ist der Anspruch auf Rente nicht so hoch, wie wenn man in den letzten Jahren voll gearbeitet hätte. Das kann jedoch etwas ausgeglichen werden: Der Arbeitgeber kann dem Teilzeit-Arbeitnehmer anbieten, dass sein Gehalt aufgestockt wird und/oder dass zusätzliche Beiträge in seine Rentenversicherung eingezahlt werden. Für solche zusätzlichen Leistungen erhält der Arbeitgeber einen Zuschuss von der Bundesanstalt für Arbeit – allerdings nur dann, wenn der Arbeitsplatz nach dem Ausscheiden des Mitarbeiters neu besetzt wird.

Alters-Übergangsgeld

Wer in den neuen Bundesländern arbeitslos und 60 Jahre alt ist, aber noch nicht das Rentenalter erreicht hat, kann „Alters-Übergangsgeld" erhalten. Er muss dafür einen Antrag auf Altersrente stellen, sobald er die Voraussetzungen erfüllt. Tut er das nicht, kann das Arbeitsamt die Zahlungen einstellen.

Und wenn sich herausstellt, dass die Altersrente geringer sein wird als das Übergangsgeld? Dann zahlt das Arbeitsamt den Betrag, der nun zum Übergangsgeld fehlt, und zwar solange der Anspruch besteht. Während des Bezugs des Alters-Übergangsgeldes zahlt das Arbeitsamt die Beiträge zur Rentenversicherung.

Einfachheit	Gliederung/Ordnung
+	+
+	0
Kürze/Prägnanz	Anregende Zusätze

ISDN – Ein Beispiel aus den neuen Informationstechnologien

Die technische Entwicklung der Datenübertragung und -verarbeitung hat den Bürgern beruflich und privat viele, bisher kaum vorstellbare Möglichkeiten eröffnet. Die Beschreibungen und Erklärungen der Geräte – meist von Technikern und Spezialisten verfasst – sind jedoch häufig wenig einfühlsam, wenig kunden- und anwenderfreundlich gestaltet.

Bedienungsanleitung einer ISDN-Anlage

Original-Text*

Diesen Text wählten Dipl.-Psych. Peer Kaeding und Dipl.-Psych. Kathrin Poplutz aus. Sie haben ihn auch verständlicher gestaltet (s. S. 123f).

Der ISDN-Anschluss

ISDN (Integrated Services Digital Network), das dienstintegrierende digitale Netz, verbindet die früher getrennten Netze zur Übertragung von Sprache (Telefon) und Daten (Telex, Datex). Als digitales Netz ermöglicht ISDN dem Benutzer eine Vielzahl komfortabler Leistungsmerkmale, die vom Netzbetreiber z. T. als Paket und z. T. einzeln angeboten werden.

Ihre Telefonanlage ist für den Betrieb an einem Euro-ISDN-Mehrgeräteanschluss konzipiert. Sie kann nicht an einem Euro-ISDN-Anlagenanschluss oder an einem Anschluss mit ITR6-Protokoll (nationales ISDN) betrieben werden. Der Euro-ISDN-Mehrgeräteanschluss bietet zwei Nutzkanäle (B-Kanäle) sowie einen Steuerkanal (D-Kanal). Mit Ihrer Telefonanlage können Sie somit zur gleichen Zeit von zwei Nebenstellen aus extern telefonieren.

An den Euro-ISDN-Mehrgeräteanschluss können Sie bis zu 8 Endgeräte anschließen, von denen 4 aus der Netzabschlusseinheit (NT oder NTBA) gespeist werden können, die anderen müssen aus Ihrem hausinternen 230-Volt-Netz versorgt werden. Neben Ihrer Telefonanlage können Sie also noch weitere ISDN-Telefone oder ISDN-PC-Karten am Euro-ISDN-Mehrgeräteanschluss betreiben. Da Ihre Telefonanlage bei Stromausfall nicht funktioniert, benötigen Sie ein notspeisefähiges ISDN-Telefon, um auch in diesem Fall telefonieren zu können. *Alle Ein-*

* Quelle: Bedienungsanleitung der Euro-ISDN-Anlage I-TA 1004 II, Deutsche Telekom

stellungen sowie die Gebührenspeicher Ihrer Telefonanlage bleiben jedoch auch bei Stromausfall erhalten. Für Ihren Euro-ISDN-Mehrgeräteanschluss können Sie bis zu 10 MSNs (Multiple Subscriber Numbers, Mehrfachrufnummern) beantragen. Dies ermöglicht die gezielte Anwahl der angeschlossenen Endgeräte. Ihre Telefonanlage kann bis zu 5 MSNs verwalten. Sie können jeder Nebenstelle eine oder mehrere MSNs zuordnen und somit eine direkte Durchwahl realisieren. Im ISDN wird jedoch nicht nur nach Rufnummern (MSN) unterschieden, sondern außerdem nach dem genutzten Dienst, so dass Sie unterschiedlichen Endgerätetypen durchaus die gleiche MSN zuordnen können. Weitere Auskünfte über die Euro-ISDN-Leistungsmerkmale sowie den Anschluss weiterer Euro-ISDN-Endgeräte erhalten Sie bei Ihrem Netzwerkbetreiber oder Ihrem Händler.

Einfachheit – –	Gliederung/Ordnung –
+ Kürze/Prägnanz	– – Anregende Zusätze

Verbesserter Text

Wie funktioniert die ISDN-Anlage und was leistet sie?
Mit Ihrer neuen ISDN-Anlage können Sie eine große Vielfalt neuer Funktionen nutzen. Bevor die Funktionen und die Voraussetzungen für den Betrieb dargestellt werden, zunächst eine allgemeine Einführung.

Was ist ISDN? ISDN ist ein modernes Telefonnetz. Es verbindet die bisherigen Netze zur Übertragung von Sprache (Telefon) und Daten (Telex, Datex). Es kann also Sprache und Daten gleichzeitig übertragen. Dadurch ist es komfortabler als die herkömmlichen Verbindungen. (Das bedeutet auch die englische Abkürzung ISDN. Sie steht für „(Integrated Services Digital Network“. Übersetzt heißt dies „Integrierte Dienste Digitales Netzwerk“.)

Was leistet ISDN? Sie können
1. gleichzeitig von zwei Nebenstellen aus nach draußen telefonieren.
2. bis zu 8 Endgeräte anschließen (z. B. Telefon, Fax, Modem, usw.).
3. den Endgeräten verschiedene Rufnummern zuweisen (bis zu zehn). Das heißt, jedes Endgerät kann gezielt angewählt werden.

Sie können also zum Beispiel zwei Telefone, ein Faxgerät und ein Modem anschließen und jedem Gerät eine eigene Rufnummer zuweisen.

Was brauche ich, um die ISDN-Anlage anzuschließen? Einen Euro-ISDN-Mehrgeräteanschluss.

Was passiert bei einem Stromausfall? Bei einem Stromausfall funktioniert die Telefonanlage nicht. Alle Einstellungen sowie die Gebührenspeicher bleiben jedoch auch bei Stromausfall erhalten. Um in diesem Fall telefonieren zu können, brauchen Sie ein spezielles ISDNTelefon, das mit Notstrom gespeist werden kann.

Hinweise für Experten. Der Euro-Mehrgeräteanschluss bietet zwei Nutzkanäle (B-Kanäle) sowie einen Steuerkanal (D-Kanal).

Die Anlage kann *nicht* an einem Euro-ISDN-Anlagenanschluss oder an einem *nationalen* Anschluss (ITR6-Protokoll) betrieben werden.

4 der 8 möglichen Endgeräte können aus der Telefonanlage gespeist werden. Die anderen müssen an das 230-Volt-Netz angeschlossen werden.

Mit Rufnummern sind hier die sogenannten Mehrfachnummern gemeint (englisch: MSN, Multiple Subscriber Numbers).

Sie können für Ihren Euro-ISDN-Telefonanschluss bis zu zehn Rufnummern beantragen.

Sie können unterschiedlichen Endgerätetypen (Telefon, Fax, Modem) auch die gleiche Rufnummer zuordnen. Im ISDN wird nämlich nicht nur nach Rufnummer (MSN) unterschieden, sondern außerdem nach dem genutzten Dienst.

Weitere Auskünfte erhalten Sie bei Ihrem Netzwerkbetreiber (z. B. Telekom) oder Ihrem Händler.

Einfachheit +	Gliederung/Ordnung +
+ Kürze/Prägnanz	0 Anregende Zusätze

Texte aus dem Schulunterricht

Schulbücher sind ein wesentliches Lehrmittel im Schulunterricht. Man sollte meinen, diese von Pädagogen gestalteten Bücher seien besonders leicht verständlich. Leider ist es nicht so. Wenn Sie sich an Ihre eigene Schulzeit erinnern oder wenn Sie Kinder haben, die zur Schule gehen, dann wissen Sie es selbst: Es gibt Schulbücher, die weder für die Schüler noch für gut ausgebildete Erwachsene verständlich sind.

Ein Beispiel für einen nicht ausreichend verständlichen Text gibt der folgende Auszug aus einem gängigen Erdkundebuch. Die daran anschließende, von Verständlichkeits-Experten erstellte Neufassung zeigt wieder: Schwerverständlichkeit muss nicht sein.

Klima

Original-Text*

„Ganz besonders das Klima gibt dem westlichen, halbinselreichen *ozeanischen Europa* eine Sonderstellung. Es liegt in der *gemäßigten Zone.* Vorherrschend sind *Westwinde*, die vom Atlantik kommen und reichlich Niederschläge bringen, so dass überall Pflanzenwuchs möglich ist. Von Natur ist es überwiegend Waldland. Im Süden reicht Europa bis zum 35. Breitengrad; die Mittelmeerländer sind daher im Sommer den trockenheißen Passatwinden ausgesetzt, im Winter erhalten sie dann mit den wehenden Westwinden genügend Feuchtigkeit. Nach Norden reicht Europa noch fast 5° über den Polarkreis hinaus. In anderen Kontinenten herrscht in solcher Breitenlage arktisches Klima. Doch rechnen wir das nördliche Skandinavien noch zum gemäßigten Klimabereich, weil der Golfstrom Wärme aus äquatorialen Bereichen weit nach Norden bringt. Nach Osten zu können wir noch das Baltikum und Polen zum ozeanischen Europa zählen, wobei wir uns darüber klar sein müssen, dass in dem weiten Tieflandskeil sich der Übergang vom ozeanischen zum kontinentalen Klima ganz allmählich vollzieht.

Das Witterungsgeschehen in Europa wird bestimmt durch die Luftmassen, die vom Atlantischen Ozean, aus polaren Breiten, vom kontinentalen Osten und vom subtropischen Süden her vordringen und miteinander im Kampfe liegen. Besonders charakteristisch sind die regenbringenden wandernden Tiefdruckgebiete.

* Aus „Klima im ozeanischen Europa“ in: Seydlitz, Bund 4, Deutschland in Europa, S. 3, Hannover

Das ozeanische Europa, das wir also bis an die Westgrenze der Sowjetunion rechnen, umfasst die *Hälfte des ganzen Erdteils*, nämlich 5 Mill. km^2; aber es leben hier etwa *drei Viertel der Bevölkerung Gesamteuropas*, rund 450 Millionen Menschen. Dicht beieinander wohnen sie in Deutschland, Frankreich, Großbritannien, Italien und in den kleinen Nachbarstaaten Niederlande und Belgien. Sie allein zählen zusammen 250 Millionen.

Günstige Voraussetzungen dazu waren die reichen *Kohle- und Erzlager.* Auf Grund der natürlichen Lebensbedingungen erwuchs im ozeanischen Europa innerhalb einer arbeitsamen, erfinderischen Bevölkerung, deren Kultur von Antike und Christentum geprägt wurde, eine *einheitliche Lebensform*. Sie hebt sich deutlich ab von der ihrer Nachbarn im russischen Osteuropa, im Orient und in Afrika. Trotz der Vielfalt der Landschaften, Völker und Staaten ist dieses ozeanische Europa eine kulturelle Einheit im Weltganzen."

Einfachheit –	Gliederung/Ordnung –
– Kürze/Prägnanz	– Anregende Zusätze

Verbesserter Text

„Das folgende Kapitel enthält Informationen über das ozeanische Europa: Grenzen – Klima – Bevölkerung – Kultur.

Was ist das ozeanische Europa?

Das ist der westliche Teil von Europa. Er heißt so, weil das Klima vom Ozean beeinflusst wird. Das ozeanische Europa ist 5 Millionen km^2 groß, also etwa die Hälfte von ganz Europa. Im Osten reicht es bis zur sowjetischen Grenze (Polen und das Baltikum gehören noch dazu). Im Norden reicht es noch 5° über den Polarkreis hinaus, im Süden bis zum 35. Breitengrad.

Das Klima

Es ist nie sehr kalt (gemäßigte Zone). Meist weht der Wind vom Westen, vom Atlantischen Ozean. Westwinde bringen viel Regen, so dass überall viele Pflanzen wachsen. Vor allem Wald gibt es hier.

Im Süden allerdings, in den Mittelmeerländern, ist es im Sommer sehr trocken und heiß, weil dann die Passatwinde dort wehen. Aber im Winter kommt auch hier der Westwind und bringt genügend Feuchtigkeit.

Auch das nördliche Skandinavien gehört zur gemäßigten Zone. Wieso das? In anderen Erdteilen zittern die Menschen, die so nördlich wohnen, bereits vor Kälte. Hier aber fließt der *Golfstrom* und bringt Wärme vom Äquator mit.

Im Osten vollzieht sich ein allmählicher Übergang vom ozeanischen zum festländischen (kontinentalen) Klima.

Wonach richtet sich das *Wetter*? Luftmassen aus Norden, Süden, Osten und Westen versuchen Einfluss zu nehmen und kämpfen dauernd um den Sieg. Häufig entstehen wandernde Tiefdruckgebiete. Sie bringen viel Regen.

Die Bevölkerung

Das ozeanische Europa ist halb so groß wie ganz Europa. Trotzdem leben hier ¾ aller Europäer. Das sind 450 Millionen. Besonders dicht besiedelt sind Deutschland, Frankreich, England, Italien, Holland, Belgien. Hier wohnen allein 250 Millionen Menschen.

Die Kultur

Hier entstand die Technik des Industriezeitalters. Warum gerade hier? Reiche Kohle- und Erzlager sind wie geschaffen dafür. Die Bevölkerung arbeitet viel und hat viele gute Ideen. Merkwürdig: Obwohl die Leute an ganz verschiedenen Orten wohnen, ist doch ihre Art zu leben recht einheitlich. Das kommt daher: Die natürlichen Lebensbedingungen (z. B. Klima) sind sehr ähnlich. So konnten Christentum und Antike sich überall gleich auswirken. Diese kulturelle Einheit hebt sich deutlich ab von den Nachbarn der Ozean-Europäer, den Russen, den Orientalen und den Afrikanern.“

Einfachheit +	Gliederung/Ordnung + +
0 Kürze/Prägnanz	0 Anregende Zusätze

Von Lehrern verfasste Unterrichtstexte

Einige Lehrer benutzen nicht nur Schulbücher, sondern auch selbstverfasste kurze Lehrtexte (s. dazu auch Teil III). Im Rahmen unserer Forschungsuntersuchungen haben wir viele Lehrer und Psychologen gebeten, zu bestimmten Themen solche Lehrtexte zu verfassen.

Ein Thema lautet: Fünf Verbrechen. Unsere „Autoren" hatten die Aufgabe, fünf verschiedene Verbrechen leicht verständlich zu erklären, so dass Schüler sie verstehen können. Wir drucken hier zunächst den Original-Gesetzestext aus dem Strafgesetzbuch ab und dann drei daraus abgeleitete Lehrtexte A, B und C. Es sei hier schon vorweggenommen: nur einer davon ist wirklich gelungen.

Fünf Verbrechen

Original-Text*

(Hehlerei:) „Wer seines Vorteils wegen Sachen, von denen er weiß oder den Umständen nach annehmen muss, dass sie mittels einer strafbaren Handlung erlangt sind, verheimlicht, ankauft oder sonst an sich bringt oder zu deren Absatze bei anderen mitwirkt, wird als Hehler bestraft."

(Raub:) „Wer mit Gewalt gegen eine Person oder unter Anwendung von Drohungen mit gegenwärtiger Gefahr für Leib und Leben eine fremde bewegliche Sache einem anderen in der Absicht wegnimmt, sich dieselbe rechtswidrig anzueignen, wird wegen Raubes bestraft."

(Begünstigung:) „Wer nach Begehung eines Verbrechens oder Vergehens dem Täter oder Teilnehmer wissentlich Beistand leistet, um denselben der Bestrafung zu entziehen oder um ihm die Vorteile des Verbrechens oder Vergehens zu sichern, ist wegen Begünstigung zu bestrafen."

(Unterschlagung:) „Wer eine fremde bewegliche Sache, die er im Besitz oder im Gewahrsam hat, sich rechtswidrig aneignet, wird wegen Unterschlagung bestraft."

(Diebstahl:) „Wer eine fremde bewegliche Sache einem anderen in der Absicht wegnimmt, dieselbe sich rechtswidrig anzueignen, wird wegen Diebstahls bestraft."

Einfachheit – –	Gliederung/Ordnung + +
+ + Kürze/Prägnanz	– – Anregende Zusätze

* Aus dem Strafgesetzbuch

Text A

1. Was ist Unterschlagung?
Jemand kann bewegliche Sachen besitzen oder aufbewahren, die trotzdem ihm nicht gehören, sondern die er für jemand anders aufzuheben hat. Es ist ihm dann nicht erlaubt, mit einer solchen fremden Sache zu machen, was ihm einfällt, sondern er muss tun, was ihm aufgetragen ist. Er darf die Sache zum Beispiel nicht verkaufen und das Geld für sich selbst ausgeben; er darf die Sache also nicht zu seinem Eigentum machen. Sonst begeht er eine Unterschlagung und kann dafür bestraft werden.

2. Was ist Diebstahl?
Wenn jemand nun eine bewegliche Sache, die einem anderen gehört, wegnimmt, um sie sich selbst anzueignen, ohne dass er dazu ein Recht oder eine besondere Erlaubnis hat, so nennt man das Diebstahl, und der Täter kann deswegen bestraft werden.

3. Was ist Raub?
Wendet der Täter, der einen Diebstahl begehen will, dabei noch Gewalt gegen einen Menschen an oder droht ihm, Gewalt anzuwenden, ihn zu verletzen oder gar zu töten, so dass der bedrohte Mensch in ernstlicher Gefahr ist, dann heißt die Tat „Raub“, und der Täter kann wegen Raubes bestraft werden.

4. Was ist Hehlerei?
Wenn man weiß oder als sicher annehmen kann, dass jemand Sachen durch eine strafbare Handlung an sich gebracht hat, also zum Beispiel durch eine Unterschlagung, einen Diebstahl oder Raub, so darf man diese Sachen nicht verheimlichen, kaufen oder bei einem Verkauf mitwirken, um selbst einen Vorteil davon zu haben; sonst begeht man Hehlerei und kann als Hehler bestraft werden.

5. Was ist Begünstigung?
Man darf auch nicht einem Menschen, von dem man weiß, dass er eine strafbare Handlung begangen hat, helfen, um ihn vor der Bestrafung zu schützen oder ihm Vorteile aus seinem Verbrechen oder Vergehen zu sichern. Sonst begeht man Begünstigung und kann deswegen bestraft werden.

Einfachheit –	Gliederung/Ordnung +
0 Kürze/Prägnanz	– Anregende Zusätze

Text B

„Durch den Wald gehe ich nicht mehr allein", sagt Mutter eines Abends zu Vater, „gestern ist wieder eine Frau zusammengeschlagen worden und ihr das Geld geraubt worden." „Du hast Recht, Mutter, geh nicht in den Wald", erwiderte Vater. „Dieser Raub – denn es ist Raub, da der Täter Gewalt gegen eine Person angewendet hat – muss schwer bestraft werden." „Aber neulich hast du gesagt, die Rocker hätten auch einen Raub begangen", wirft Heidi, die Tochter, ein. „Die Rocker sagen aber: Wenn du das Geld nicht gibst, schlagen wir dich zusammen!" Darauf der Vater: „Das ist richtig. Schon die gleichzeitige Bedrohung des Leibes oder des Lebens, wenn man anderen etwas wegnimmt, um es zu behalten, ist Raub."

Heidi fragt: „Ich denke, es ist Diebstahl, wenn man jemandem etwas wegnimmt." Darauf Vater: „Natürlich ist es Diebstahl, wenn man jemandem etwas wegnimmt, um es selbst zu behalten. Wendet man beim Wegnehmen aber Gewalt an, so spricht man von Raub. Diebstahl und Raub werden ja auch verschieden bestraft."

Jetzt wollen wir zusammen einen Mann betrachten, der in einem Kaufhaus einbricht, um sich Sachen anzueignen. Dieser Mann begeht einen Diebstahl. Durch die Alarmsirene wird der Nachtwächter herbeigerufen. Der Einbrecher trifft zufälligerweise einen Freund mit einem Auto. Dieser Freund nimmt ihn mit, obwohl er weiß, dass der andere einen Diebstahl, also ein Verbrechen, begangen hat. Deshalb erwischt ihn der Nachtwächter nicht. Damit macht sich auch sein Freund strafbar. Er kann wegen Begünstigung bestraft werden. Wegen Begünstigung kann jeder bestraft werden, der nach einem Verbrechen dem Täter hilft, obwohl er von dem Verbrechen weiß.

Die beiden fahren mit den bei dem Einbruch entwendeten Sachen zu Herrn Nagel. Herr Nagel weiß von dem Einbruch. Er kauft dem Einbrecher die Sachen ab, da er sie günstiger verkaufen kann als der Einbrecher. Auch Herr Nagel macht sich strafbar. Herr Nagel kann wegen Hehlerei bestraft werden. Wer weiß oder wissen muss, dass etwas durch eine strafbare Handlung erworben wurde und es verheimlicht, selbst kauft oder sonst irgendwie an sich nimmt oder hilft, es weiterzuverkaufen, wird wegen Hehlerei bestraft. Außer den bisher genannten Verbrechen, Diebstahl und Raub, gibt es noch ein weiteres, was man von beiden unterscheidet. Wenn dir jemand einen Gegenstand gibt, damit du auf ihn aufpasst, so darfst du diesen nicht einfach an dich nehmen, um ihn zu behalten. Wenn dir beispielsweise jemand _ 1000,– zur Aufbewahrung gibt, darfst du nicht mit diesem Geld eine Reise unternehmen. Wer Sachen, die ihm anvertraut werden, an sich nimmt, um sie zu behalten, wird wegen Unterschlagung bestraft.

Einfachheit +	Gliederung/Ordnung –
– – Kürze/Prägnanz	+ + Anregende Zusätze

Text C

Ihr wisst sicher, dass manche Menschen gegen die Gesetze verstoßen und Verbrechen begehen.

Es gibt verschiedene Verbrechen. Hier auf dem Blatt findet Ihr fünf Verbrechen genauer beschrieben. Bitte merkt sie euch so, dass Ihr sie auseinander halten könnt!

Diebstahl: Jemand nimmt einem anderen etwas weg. Dabei ist wichtig, dass es ihm nicht gehört und dass er die Absicht hat, es zu behalten. Dieses Verbrechen ist Diebstahl.
Beispiel: Jemand nimmt im Kaufhaus heimlich eine Ware an sich und bezahlt sie nicht.

Raub: Jemand nimmt einem anderen etwas weg, obwohl es ihm nicht gehört. Bei dem Wegnehmen wendet er Gewalt an oder droht dem Anderen, dass er ihn schlagen oder töten werde. Dieses Verbrechen ist Raub.
Beispiel: Ein Täter bedroht einen Bankangestellten mit der Pistole und nimmt sich Geld.

Unterschlagung: Jemand bekommt etwas zum Aufbewahren übergeben. Aber er gibt es nicht wieder heraus, sondern behält es für sich. Das ist Unterschlagung.
Beispiel: Ein Briefträger behält Briefe und Päckchen, die er austragen soll, für sich selbst.

Hehlerei: Ein Täter kauft von einem anderen eine Ware oder nimmt sie an sich. Der Täter weiß, dass der andere die Ware unrechtmäßig besitzt, dass er sie nämlich vorher gestohlen, geraubt oder unterschlagen hat. Obwohl er dieses weiß, behält er die Ware für sich oder verkauft sie weiter. Das ist Hehlerei.
Beispiel: Jemand kauft ein altes Auto von einem Mann; dabei weiß er, dass dieser Mann das Auto gestohlen hat.

Begünstigung: Ein Täter hilft einem anderen Verbrecher, obwohl er weiß, dass dieser ein Verbrechen begangen hat. Er schützt den Verbrecher vor der Verfolgung und sichert dem Verbrecher die Vorteile aus seinem Verbrechen. Das ist Begünstigung.
Beispiel: Jemand versteckt in seiner Wohnung einen Verbrecher, damit ihn die Polizei nicht findet.

Einfachheit + +	Gliederung/Ordnung + +
0 Kürze/Prägnanz	+ Anregende Zusätze

Wie Sie sehen, haben die Schreiber ihre Aufgabe recht unterschiedlich gelöst. Gut verständlich ist aber nur Text C geworden. Text A mangelt es vor allem an Einfachheit. Und Text B zeigt, wie man Anregende Zusätze *nicht* verwenden soll – nämlich „ohne Rücksicht auf Verluste“ bei Gliederung/Ordnung und Kürze/Prägnanz.

Der gut verständliche Text C könnte nicht nur Lehrern Anregungen zur Textgestaltung geben, sondern – so hoffen wir – auch Juristen. Gerade Gesetzestexte zeichnen sich durch ein extremes Ausmaß an Schwerverständlichkeit aus. Die Bürger, die sich nach diesen Gesetzen richten sollen, sind kaum imstande, deren Inhalt zu verstehen. Wir wünschten: Alle, die an der sprachlichen Gestaltung von Gesetzestexten beteiligt sind, nähmen mehr Rücksicht auf die Bevölkerung und bemühten sich mehr darum, dass Gesetze nicht nur gerecht sind, sondern auch verständlich.

Bei den nächsten Unterrichtstexten von Lehrern geht es um Mathematik – ein Gebiet, auf dem viele Schüler klagen. Bitte vergleichen Sie wieder die verschiedenen Fassungen. Wir denken, diese Texte zeigen deutlich: Die sog. Verständnisschwierigkeiten vieler Schüler beruhen zu einem wesentlichen Teil auf „Verständlichkeitsschwierigkeiten“ mancher Lehrer.

Multiplizieren mit dem Rechenschieber

Schwer verständlicher Text

„Der Rechenschieber beruht auf dem folgenden Prinzip: Man kann Zahlen multiplizieren, indem man die Logarithmen dieser Zahlen addiert.

Wenn ich nun 1,5 mit 1,3 malnehmen soll, kann ich die Logarithmen dieser Zahlen addieren und zu dem Ergebnis wieder den Numerus (Grundzahl) suchen.

Auf dem Rechenschieber finden wir die Zahlen in logarithmischer Einteilung vor, brauchen sie also nur noch zu addieren, wenn wir multiplizieren wollen.

Ich muss also zur Länge des lg von 1,5 die des lg von 1,3 addieren. Dazu stelle ich die 1 der Zunge (C-Skala) über die 1,5 auf dem Körper (D-Skala).

Wenn ich jetzt den Läufer über die 1,3 der C-Skala stelle, kann ich unten auf der D-Skala das Ergebnis ablesen.

Zu beachten ist noch die Skaleneinteilung. Die Abstände zwischen den einzelnen Zahlen werden nach rechts hin immer kleiner. Zwischen 1 und 2 ist der Abstand zwischen zwei Teilstrichen 0,01; zwischen 2 und 4 ist er 0,02; zwischen 4 und 10 ist er 0,05. Darauf müssen wir beim Ablesen besonders achten.“

Einfachheit –	Gliederung/Ordnung 0
+ Kürze/Prägnanz	– – Anregende Zusätze

Leicht verständlicher Text

„Um die Aufgabe 1,5 x 1,3 auf dem Rechenschieber zu rechnen, mache bitte Folgendes:

Bitte lege den Rechenschieber waagerecht vor dich hin – so, dass die Zahlen aufrecht stehen und du sie lesen kannst.

Dann fass das rechte Ende des Rechenschiebers an.

Du kannst mit den Fingern den mittleren Teil des Rechenschiebers herausziehen.

Dieser mittlere Teil, den du hin und her bewegen kannst, hat ganz links unten den Buchstaben C und daneben eine Zahlenreihe, die mit 1 beginnt. Ziehe jetzt den mittleren Teil des Rechenschiebers so weit nach rechts heraus, bis diese 1 (die 1 neben dem C) genau über der Zahl 1,5 auf der Zahlenreihe darunter steht. Es ist die 1,5 der Zahlenreihe, die links mit einem D beginnt. Jetzt steht also die 1 der Zahlenreihe C genau über der 1,5 der Zahlenreihe D.

Bitte lass alles so stehen.

Zeige nun auf die Zahl 1,3 der Zahlenreihe C.

Unter der Zahl 1,3 findest du die Zahl 1,95 (von der Zahlenreihe). Das ist das richtige Ergebnis.

(Noch einmal: Du bewegst den mittleren langen Teil des Rechenschiebers so, dass die 1 (von der Zahlenreihe C) genau über der 1,5 der Zahlenreihe D steht.)

Dann sieh bitte nach, wo 1,3 auf der Zahlenreihe steht.

Unter dieser 1,3 ist auf der Zahlenreihe D eine Zahl, und zwar 1,95. Das ist das Endergebnis.

Der Rechenschieber hat noch ein kleineres bewegliches Teil aus durchsichtigem Plastik. Das brauchst du für deine Berechnungen jetzt nicht.“

Einfachheit + +	Gliederung/Ordnung +
+ Kürze/Prägnanz	– Anregende Zusätze

Winkelhalbierung

Schwer verständlicher Text

„Der Scheitelpunkt des Winkels sei S.

Schlage um S einen Kreis mit einem Radius, der etwa halb so groß ist wie die gezeichneten Schenkel des Winkels (natürlich sind die Schenkel unbegrenzt zu denken).

Die Schnittpunkte des Kreises mit den Schenkeln des Winkels nenne A und B.

Schlage um A und B je einen Kreis mit einem Radius, der zweckmäßigerweise ungefähr so groß ist wie der Radius des zuerst gezeichneten Kreises.

Wichtig ist, dass die Kreise um A und B denselben Radius besitzen und dass dieser Radius so groß ist, dass sich diese beiden Kreise in zwei Schnittpunkten U und V schneiden.

Wähle von den beiden Punkten U und V denjenigen, der am weitesten von S entfernt ist, und zeichne durch ihn einen Strahl, dessen Anfangspunkt in S liegt. Dieser Strahl halbiert den Winkel."

Einfachheit –	Gliederung/Ordnung +
+ + Kürze/Prägnanz	– – Anregende Zusätze

Leicht verständlicher Text

1. Dieser Winkel soll halbiert werden.
2. Dazu nimm deinen Zirkel und setze die Spitze in den Scheitelpunkt des Winkels.
3. Jetzt schlage einen Kreis um diesen Scheitelpunkt, so dass auf den beiden Schenkeln Schnittpunkte entstehen.
4. Setze die Zirkelspitze in einen dieser Schnittpunkte und schlage um diesen Punkt einen Kreis. Behalte den gleichen Radius im Zirkel!
5. Setze die Zirkelspitze in den zweiten Schnittpunkt und schlage einen Kreis.
6. Verbinde die Schnittpunkte dieser beiden Kreise mit dem Scheitelpunkt.
7. Die entstandene Linie ist die Winkelhalbierende.

Einfachheit +	Gliederung/Ordnung + +
+ + Kürze/Prägnanz	– – Anregende Zusätze

In diesem Abschnitt ging es um den Schulunterricht, der uns besonders am Herzen liegt. Hier verbringen Menschen Jahre ihres Lebens mit an sich unnötigen Anstrengungen – nämlich zu verstehen, was durch eine ungünstige Ausdrucksweise schwer verständlich gemacht wurde. Viele erfahren dabei Verzweiflung, Angst und Sinnlosigkeit. Stellen Sie sich vor, Sie werden über Jahre hinweg von einem schwer verständlichen Lehrer unterrichtet – welche Bürde ist das und welche Ausbeutung Ihrer Arbeitskraft.

Wissenschaftliche Texte

Wissenschaftliche Veröffentlichungen werden immer zahlreicher. Wissenschaftler, Studenten und interessierte Laien haben es immer schwerer. Sie brauchen immer mehr Zeit, um die für sie wichtigen Artikel zu finden und durchzuarbeiten. Eine verständlichere Textgestaltung würde ihnen diese Arbeit erleichtern. Dies betonen übrigens auch die Herausgeber wissenschaftlicher Zeitschriften immer wieder:

> „Ein Artikel sollte bestimmte Charakteristika aufweisen: 1. Kürze und offensichtlichen Respekt für die Zeit des Lesers. 2. Eindeutiges und einfaches Vokabular mit technischen oder gelehrten Worten nur dort, wo einfachere Ausdrücke offensichtlich inadäquat sind“ (Journal of Counseling Psychology, 1973, 20, S. 99).

> „Ein wissenschaftlicher Text soll leicht lesbar sein. Außer der Logik der Gliederung und Sachlichkeit der Argumentation soll er sich durch Klarheit des Ausdrucks und Unmißverständlichkeit der Satzbildung auszeichnen.“ (Richtlinien für die Manuskriptgestaltung, im Auftrage der Deutschen Gesellschaft für Psychologie, von G. Reinert, 1970).

Leider richten sich viele Autoren nicht danach. Ein großer Teil der wissenschaftlichen Artikel ist nach unserer Auffassung unnötig schwer verständlich. Die Autoren nehmen wenig Rücksicht auf die Zeit und auf die Arbeitskraft ihrer Kollegen und Studenten.

Gerade bei schwierigen Sachverhalten wäre es wichtig, sich in einer klaren, leicht verständlichen Sprache auszudrücken. Bitte vergleichen Sie wieder die verschiedenen Fassungen. Die Neufassungen werden von besonders geschulten Psychologen erstellt.

Zusammenfassung einer wissenschaftlichen Untersuchung

Original-Text*

„11 Lehrer(innen), die im 8. bis 9. Volksschuljahr unterrichten, führten in ihren Klassen Unterrichtsgespräche über den gleichen, Schülern verschiedenen Alters geläufigen Gegenstand durch. Die Gespräche wurden vollständig auf Tonband aufgenommen und auf 12 Merkmale der sprachlichen Kommunikation von Lehrern und Schülern hin analysiert. Die Befunde früherer Arbeiten, die auf ein Übergewicht von Lehrern in den unterrichtlichen Interaktionen sowie auf nicht-zufällige Zusammenhänge im Sprachverhalten von Lehrern und Schülern schließen lassen, konnten durch die vorliegenden Ergebnisse bestätigt und ergänzt werden. Erwartungsgemäß erwiesen sich die beobachteten interindividuellen Unterschiede in der sprachlichen Dominanz von Lehrern sowie in der Bevorzugung verschiedener Beeinflussungsstrategien als unabhängig vom Alter der Schüler wie auch der Klassenstärke. Die Befunde legen die Annahme nahe, dass die analysierten Sprachmerkmale nicht wesentlich von äußeren unterrichtlichen Bedingungen, sondern von persönlichen Haltungen und Einstellungen der Lehrer abhängen."

Einfachheit –	Gliederung/Ordnung –
0 Kürze/Prägnanz	– Anregende Zusätze

* Aus einer psychologischen Fachzeitschrift

Verbesserter Text

„11 Lehrer(innen) führten in ihren Klassen (8./9. Schuljahr) Unterrichtsgespräche über den gleichen Gegenstand durch. Der Gegenstand war den Schülern geläufig. Die Gespräche wurden vollständig auf Tonband aufgenommen und auf 12 Merkmale des Sprachverhaltens von Lehrern und Schülern hin analysiert.

Ergebnisse:
1. Lehrer sprechen mehr als Schüler. 2. Das Sprachverhalten von Lehrer und Schüler ist nicht unabhängig voneinander. 3. Das Ausmaß der sprachlichen Dominanz der Lehrer erwies sich als unabhängig von Klassenstärke und Alter der Schüler. 4. Ebenso unabhängig hiervon erwies sich die Bevorzugung verschiedener Beeinflussungsstrategien. Die Befunde 3 und 4 legen folgende Annahme nahe: Die analysierten Sprachmerkmale hängen weniger von äußeren Unterrichtsbedingungen als von persönlichen Haltungen und Einstellungen der Lehrer ab.“

Einfachheit +	Gliederung/Ordnung +
+ Kürze/Prägnanz	− Anregende Zusätze

Anlage und Umwelt

Original-Text*

„Die Unterschiede zwischen Individuen lassen sich auf zwei Ursachen-Komplexe zurückführen, auf Unterschiede der ererbten Anlage und auf umweltbedingte Unterschiede. Die Abschätzung der relativen Bedeutsamkeit dieser beiden Komplexe ist von großem praktischem Interesse, da z.B. die erzieherische, heilpädagogische und psychotherapeutische Arbeit in erster Linie dann Erfolg verspricht, wenn sie sich auf nicht in starrer Weise durch Erbfaktoren festgelegte Eigenheiten des Verhaltens richtet. Leider spielen allerdings hinsichtlich dieser Abschätzung vorgefaßte Meinungen noch immer eine sehr viel größere Rolle als in exakter Weise ermittelte Sachverhalte. Der milieutheoretische Optimismus läßt die Erbdetermination nur für anatomische und physiologische Merkmale gelten und faßt daher das Verhalten selbst als im Wesentlichen umweltabhängig (als Resultat von Lernvorgängen) auf; diese Position wird vor allem von den Anhängern des Behaviorismus (J. B. Watson) vertreten. Der milieutheoretische Pessimismus schreibt dem Umwelts- und Erfahrungs-Komplex nur geringe Wirksamkeit zu, da er die vererbten Anlagen für ausschlaggebend hält; er fand seinen extremen Ausdruck in den Rassedoktrinen. N. Pastore (1949) hat auf eine sehr starke Affinität zwischen der politischen Grundhaltung von Forschern und deren Eintreten zugunsten eines der beiden geschilderten Standpunkte hingewiesen; der milieutheoretische Pessimismus findet sich danach häufig in Vergesellschaftung mit einer extrem konservativen Einstellung zu politischen Fragen. Der hohe Wert, den die liberal-demokratische Tradition dem Individuum beimißt, legt ihr den milieutheoretischen Optimismus nahe, da sich die Erbanlagen des Einzelwesens rückwirkend ja nicht mehr verändern lassen, wohl aber durch die Gestaltung der Umweltbedingungen Schädigungen eintreten können.“

Einfachheit	Gliederung/Ordnung
– –	–
0	– –
Kürze/Prägnanz	Anregende Zusätze

* Aus: P. R. Hofstätter: Fischer-Lexikon Psychologie, 1957

Verbesserter Text

„Welchen Anteil haben Anlage und Umwelt am Verhalten des Menschen? Die Frage ist von praktischem Interesse. Es gibt dazu zwei Theorien. Welcher Theorie sich der Wissenschaftler anschließt, hängt vorwiegend von seiner politischen Grundeinstellung ab.

Menschen sind verschieden. Diese Verschiedenheit hat zwei Ursachen: unterschiedliche Erbanlagen und unterschiedliche Umwelterfahrungen. Es ist wichtig zu wissen, ob die Anlage oder die Umwelt einen größeren Einfluss hat. Denn Erziehung, Heilpädagogik und Psychotherapie sind nur dann sinnvoll, wenn die Erbfaktoren nicht schon alles festgelegt haben.

Auf die Frage nach dem größeren Einfluss sind zwei Antworten gegeben worden:

Milieutheoretischer Optimismus: Danach sind nur das Aussehen und der innere Bau des Menschen erblich bedingt. Das Verhalten dagegen ist im Wesentlichen umweltabhängig, d.h. gelernt. Vertreter dieser Auffassung sind vor allem Anhänger des Behaviorismus (Watson).

Milieutheoretischer Pessimismus: Danach sind die Erbanlagen ausschlaggebend – Umwelterfahrungen sind wenig wirksam. Ein extremes Beispiel dieser Auffassung sind die Rassenlehren.

Welcher Auffassung schließen sich Wissenschaftler an? Vorgefasste Meinungen entscheiden hierüber leider mehr als genau ermittelte Tatsachen. N. Pastore (1949) stellte fest: Forscher mit einer äußerst konservativen politischen Einstellung neigen mehr dem milieutheoretischen Pessimismus zu. Dagegen wird in einer freiheitlich demokratischen Tradition, wo das Einzelwesen einen hohen Wert genießt, mehr der milieutheoretische Optimismus vertreten. Denn Erbanlagen lassen sich nicht mehr verändern, wohl aber schädigende Umweltbedingungen."

Einfachheit +	Gliederung/Ordnung +
+ Kürze/Prägnanz	– Anregende Zusätze

Sprache und Lernen

Original-Text*

„Eines der brennenden Probleme, dem sich die Erzieher gegenübersehen und dessen Lösung die heutige Weltlage dringend zu fordern scheint, betrifft die Frage, wie das intellektuelle Potential der Bevölkerung in optimaler Weise genutzt werden kann. Die These, die hier vertreten wird, lautet folgendermaßen: Die Implikationen bestimmter Formen von Sprachgebrauch, wie er in einer normalen Bevölkerung zu finden ist, verzögern oder erleichtern das Lernen, und zwar unabhängig von jeder angeborenen Fähigkeit. Gewisse sprachliche Formen bringen für den Sprechenden einen Verlust von Geschicklichkeiten (sowohl kognitiven wie auch sozialen) mit sich, die sowohl für eine erfolgreiche Erziehung als auch für den Erfolg im Beruf von ausschlaggebender Wichtigkeit sind; diese Formen des Sprachgebrauchs sind kulturell und nicht individuell bestimmt. Wir werden zeigen, daß sich besondere Sprechweisen mit bestimmten sozialen Gruppen verbinden. Die Sprechweisen schaffen zunächst und stärken dann zunehmend gewisse Wege, auf denen Beziehungen zu Objekten und Personen hergestellt werden. Die Sprache, die gesprochene Sprache, wird als einer der wichtigsten Regulatoren von Verhalten und Bewußtsein betrachtet."

Einfachheit – –	Gliederung/Ordnung – –
+ Kürze/Prägnanz	– – Anregende Zusätze

* Aus B. Bernstein: Soziale Struktur, Sozialisation und Sprachverhalten. Aufsätze, 1958

Verbesserter Text

„Eine der brennenden Fragen für Erzieher lautet: Wie können die geistigen Vorräte der Bevölkerung am besten genutzt werden? Die heutige Weltlage scheint die Lösung dieses Problems dringend zu fordern.

Folgende Ansicht wird hier vertreten: In einer normalen Bevölkerung gibt es verschiedene soziale Gruppen, die sich in der Art zu sprechen unterscheiden. Das hat Einfluss auf die Lernfähigkeit: je nach Sprachgebrauch wird das Lernen erleichtert oder verzögert, und zwar unabhängig von jeder angeborenen Fähigkeit. Denn wie jemand spricht, hängt nicht von ihm selbst ab, sondern von der Gruppe, in der er aufwächst.

Bestimmte Sprechweisen haben für den Sprechenden ungünstige Begleiterscheinungen; er ist nicht in der Lage, bestimmte geistige und soziale Fertigkeiten zu erwerben, die für eine erfolgreiche Erziehung und für den Berufserfolg entscheidend sind.

Wie jemand sich verhält und welches Bewusstsein er hat: das ist stark von seiner Sprache abhängig, besonders von der gehobenen Sprache. Denn unser Zugang zu den Dingen und Personen dieser Welt wird durch die Sprache hergestellt und aufrechterhalten. Die Art der Beziehungen zu ihnen ist also sprachabhängig."

Einfachheit +	Gliederung/Ordnung +
0 Kürze/Prägnanz	– Anregende Zusätze

Teil III

Verständliche Texte im Unterricht

Einleitung: Verständlichkeit – notwendig, aber nicht ausreichend

Je verständlicher etwas formuliert ist, desto leichter fällt es Lesern und Hörern, zu verstehen und zu behalten. Trotzdem reicht Verständlichkeit allein oft nicht aus. Vielleicht kennen Sie auch das Gefühl: Sie haben etwas gelesen oder gehört. Es war leicht verständlich ausgedrückt, und Sie glaubten auch, es verstanden zu haben. Aber wenn Sie dann darangingen, Ihr neu erworbenes Wissen praktisch anzuwenden, merkten Sie plötzlich, dass Sie doch manches nicht ganz verstanden oder in seiner Bedeutung nicht richtig erkannt haben.

Was hätte Ihnen weitergeholfen? Vermutlich eine gewisse Vorbereitung und innere Einstimmung auf die neuen Informationen und – sehr wesentlich – eine Möglichkeit, das Gelesene oder Gehörte mit anderen zu besprechen.

Diese Möglichkeit gibt es vorwiegend in Schulen, Universitäten und anderen Einrichtungen, in denen Unterricht stattfindet. Hier sind verständliche Lehrbücher, Informationsblätter oder Vorträge nur ein Glied in einer Kette von Lernhilfen. Hier geht es meist um mehr als um ein bloßes Zur-Kenntnis-Nehmen von einzelnen Informationen, um mehr als um das „Einpauken" von Fakten. Die eigentlichen Ziele sind ja intensive gedankliche Auseinandersetzungen mit größeren Stoffgebieten, Theorien, Methoden, Wertvorstellungen usw., die eigene Stellungnahme und – nicht zuletzt – die Verbesserung der praktischen Fähigkeiten von Schülern, Studenten und Kursteilnehmern.

Wir möchten Ihnen nun erläutern, wie Sie als Lehrer oder Dozent einen umfassenden Prozess der Informationsvermittlung in Gang setzen können, in dem verständliche Lehrtexte eine größtmögliche Wirkung entfalten. Verfolgen wir dazu eine Unterrichtseinheit in ihren Grundzügen von Anfang bis Ende.

Vorbereitung auf neue Informationen

Auf vielen Gebieten, über die unterrichtet wird, haben Schüler, Studenten oder Kursteilnehmer *gewisse eigene Erfahrungen.* Es ist günstig, daran anzuknüpfen. Die Lernenden werden also zu Beginn einer Unterrichtseinheit aufgefordert, sich ihre Erfahrungen gedanklich zu vergegenwärtigen. Dadurch verstehen sie besser, was die Informationen, die sie später erhalten werden, bedeuten und wie sie einzuordnen sind.

Ferner können Lernende versuchen, aus ihren eigenen Erfahrungen Ideen abzuleiten, wie ein gegebenes Problem zu lösen oder zu bearbeiten wäre. So aktivieren die Schüler, Studenten oder Kursteilnehmer das eigene Denken und Erleben. Sie werden *aktive* Leser oder Hörer, die eine Information nicht einfach nur aufnehmen, sondern sie mit eigenen Gedanken und Erfahrungen vergleichen.

Wenn Lernende über keine ausreichenden Erfahrungen verfügen, können Lehrer und Dozenten ihnen Erfahrungen ermöglichen. Dies geschieht z.B. häufig in naturwissenschaftlichen Fächern, wo Schüler selbständig experimentieren. Andere Möglichkeiten: Lehrer und Dozenten vermitteln Praktikantenstellen oder Ferienjobs, so dass Schüler und Studenten Erfahrungen in der Arbeitswelt machen. Oder sie besuchen Berufstätige an ihren Arbeitsplätzen oder Einrichtungen wie Krankenhäuser, Polizeidienststellen, Altenheime, Behörden usw. Oft sind allerdings die Möglichkeiten für Lernende, nennenswerte eigene Erfahrungen zu sammeln, recht begrenzt. Ein Beispiel: Studenten der Pädagogik und Psychologie oder ältere Schüler bearbeiten Themen wie Kindererziehung oder Geisteskrankheit. Dabei waren viele noch nie für Kinder erzieherisch verantwortlich oder haben niemals geisteskranke Menschen im persönlichen Kontakt erlebt. Wir finden das ungünstig. Durch Lesen verständlich geschriebener Texte kann man viel lernen. Aber am meisten lernt man dadurch, dass man selbst dabei sein, mitmachen, mitentscheiden, mitverantworten und an möglichst vielen Vorgängen in Politik, Wirtschaft und Gesellschaft teilhaben kann.

Neue Informationen in verständlicher Form

Zurück zu unserer Unterrichtseinheit. Der Lernende hat sich seine Erfahrungen und Gedanken vergegenwärtigt. Und er hat daraus eigene Ideen abgeleitet: Wie lässt sich dieses Problem lösen oder bearbeiten? Nun ist er aufnahmebereit für neue, verständliche Informationen. Wie Sie sich verständlich ausdrücken können – darüber wissen Sie ja bereits Bescheid.

Eine Frage, die bisher noch nicht zur Sprache kam: Mündliche oder schriftliche Informationen? Wir sind für einen verstärkten Einsatz *schriftlichen* Materials. Mündliche Informationsübermittlung – wie sie heute von Lehrern oder Dozenten noch bevorzugt wird – hat nach unserer Ansicht offenkundige Mängel:

- Es ist schwieriger, verständlich zu sprechen als zu schreiben, da man beim Sprechen weniger Zeit zum Überlegen hat, wie man eine Sache einfach, gut gegliedert und geordnet, nicht zu kurz und nicht zu weitschweifig darstellt.
- Schüler, Studenten oder andere Lernende sind gezwungen, die ganze Zeit über mit höchster Konzentration zuzuhören. Ein Augenblick der Unaufmerksamkeit – und schon haben manche den Faden verloren. Sie können es nicht nachlesen oder ihre Nachbarn fragen, sonst verlieren die auch noch den Anschluss.
- Wer überwiegend mündlich informiert, arbeitet mit zu viel Aufwand. Tausende von Lehrern unterrichten über denselben Stoff. Jeder arbeitet allein vor sich hin und bereitet seinen Vortrag vor.

Wie viel einfacher wäre es, wenn Lehrer sich zusammentäten, verständliche Arbeitspapiere erstellten und vervielfältigten! Wenn viele mitarbeiten, kann so in kurzer Zeit ein ganzes Gebiet aufbereitet werden. Es würde die Lehrer frei machen, im Unterricht mehr auf die fachlichen oder persönlichen Schwierigkeiten einzelner Schüler einzugehen. So entstände auch eine neue Art von Schul- und Lehrbüchern. Es wäre eine Sammlung von Arbeitspapieren. Sie erlaubte es, den Unterricht den jeweiligen Wünschen und Bedürfnissen besser anzupassen und wäre durch Ergänzungspapiere leicht auf dem neuesten Stand zu halten. – Zumindest wünschten wir, dass die herkömmlichen Schul- und Lehrbücher verständlicher gestaltet würden. Das allein wäre schon ein großer Fortschritt.

Eine weitere wichtige Frage: Können verständliche Texte noch mehr leisten, als das Verstehen und Behalten von Tatsachen zu erleichtern? Können sie auch zum eigenen Denken anregen, zur aktiven, gedanklichen Auseinandersetzung mit den Informationen? Ja! Verständlichkeit ist sogar eine Voraussetzung, ohne die es gar nicht geht. Denn: Was ich nicht verstanden habe, kann ich auch nicht kritisch durchdenken oder prüfen. Allerdings ist es oft günstig, das eigene Denken der Leser durch besondere Maßnahmen anzuregen. Zum Beispiel durch geeignete Fragen im Text selbst. Oder durch einen ausdrücklichen Hinweis des Autors: „Dies, was ich hier geschrieben habe, ist *meine Auffassung* von der Sache. Sie ist möglicherweise falsch oder nur begrenzt richtig. Andere Autoren vertreten teilweise andere oder völlig entgegengesetzte Auffassungen. Überlegen Sie selbst, was Sie für richtig halten und warum." – Vor allem aber ist wichtig, was *nach* dem Lesen kommt. Gehen wir daher in unserer Unterrichtseinheit einen Schritt weiter.

Kleingruppenarbeit

In der Schule, Hochschule und anderen Ausbildungsstätten ziehen wir aus Informationstexten den vollen Nutzen oft erst dann, wenn wir die Möglichkeit haben, mit anderen über das Gelesene zu sprechen. Dies erfolgt nach unserer Ansicht oft am besten in *kurzzeitiger themengleicher Kleingruppenarbeit.*

Was meinen wir mit Kleingruppenarbeit? Nachdem Sie als Lehrer, Dozent oder Kursleiter Ihren Teilnehmern das Problem vorgestellt haben und nachdem Ihre Teilnehmer einige eigene Gedanken dazu geäußert haben, verteilen Sie Ihren Informationstext. Nun wird gelesen. Danach bitten Sie die Teilnehmer, in kleinen Gruppen zu dritt oder viert – wie die Teilnehmer gerade sitzen – über den Text zu sprechen. Jeder kann sich darüber äußern, was er verstanden oder nicht verstanden hat oder welchen Standpunkt er zu diesem Text vertritt. Und er kann hören, wie der Text bei anderen „angekommen" ist, und was er bei ihnen an Gedanken oder Gefühlen ausgelöst hat. Zeitdauer: etwa 5–20 Minuten, je nach Thema und Wünschen der Teilnehmer. Zu länger andauernder erfolgreicher Kleingruppenarbeit sind oft nur Gruppen mit Erfahrungen in dieser Arbeitsform imstande. Wichtig: Alle Gruppen arbeiten an *demselben* Thema. Das ist einfacher, wenn später die *ganze* Klasse oder der *ganze* Kursus diskutieren.

Diese Kleingruppenarbeit ist auch ratsam für jeweils 3–4 Fernstudenten. Oder für Mitarbeiter eines Betriebes, die eine neue Arbeitsanweisung erhalten haben. Oder für Personen, die ihre Lohnsteueranträge ausfüllen wollen – kurz: überall, wo es einen Text zu verstehen gilt.

Was ist so gut an Kleingruppenarbeit?

Gegenseitig Verständnislücken ausgleichen: Auch wenn ein Text so verständlich ist, wie es besser nicht geht – manche Leser verstehen ihn trotzdem nicht ganz. Es wäre unbefriedigend für den Lernenden und mit zu viel Arbeit verbunden, wollte er den Text wieder und wieder studieren, bis er ihn endlich versteht. Besser ist es, die Verständnislücken mit Hilfe der Kleingruppe zu schließen. Hier hat der einzelne Teilnehmer die Möglichkeit, den anderen Fragen zu stellen und entweder Antworten zu erhalten oder sich gemeinsam mit den anderen eine Antwort zu erarbeiten.

Doppelt hält besser: Zumindest ein Teil von dem, was der Teilnehmer zunächst leise für sich gelesen hat, kann er nun noch einmal *hören* – mit den Worten eines anderen. Es werden also *zwei* Informationskanäle genutzt, Auge und Ohr. Dadurch prägt sich die Information besser ein.

Aussprechen der eigenen Gedanken: Zwischen einem ausgesprochenen Gedanken und einem bloß gedachten Gedanken besteht ein großer Unterschied. Das Aussprechen verändert den Gedanken. Indem wir einem anderen erklären, was wir denken, werden unsere Gedanken uns selbst klarer. Wir bemerken dabei auch leichter die Fehlerhaftigkeit unseres Denkens.

Eigene Gedanken zur Diskussion stellen: Wer für sich allein einen Text liest, hat keine Möglichkeit, seine eigenen Ideen dazu mit anderen zu besprechen. Er erfährt nicht, wie seine Gedanken von anderen beurteilt werden. Und er erfährt nichts von den Gedanken anderer. Sein Denken wird nicht durch die Äußerungen anderer angeregt. Nur Kleingruppen machen dies möglich.

Bessere Überstimmung zwischen Denken, Fühlen und Handeln: Zwischen Denken, Fühlen und Handeln bestehen bei vielen Menschen gewisse Widersprüche. Einige Beispiele:

Ärzte haben in ihrer Ausbildung gelernt, dass übermäßiges Rauchen der Gesundheit schadet. Trotzdem sind viele von ihnen Raucher. – In der Fahrschule lernen zukünftige Autofahrer die Verkehrsregeln. Trotzdem richten sie sich später oft nicht danach. – Schüler lernen in Gemeinschaftskunde, dass viele Menschen unverschuldet in Armut und Unterdrückung leben. Trotzdem setzen sie sich nicht für sie ein.

In Kleingruppen kommt es häufiger zu einer intensiven aktiven Auseinandersetzung mit dem Lernstoff. Dies spricht die Teilnehmer als ganze Person an, nicht nur auf einer verstandesmäßigen, sondern auch auf einer gefühlsmäßigen Ebene. Denken, Fühlen und Handeln kommen so leichter auf einen gemeinsamen Nenner.

Mehr Freude am Lernen durch zwischenmenschliche Kontakte: Wer beim Lernen nur auf schriftliche Unterlagen angewiesen ist – z.B. im Fernstudium – hat es schwer. Ebenso derjenige, der sein Wissen durch bloßes Anhören von Vorträgen erwerben muss. Für die meisten ist es schwierig, täglich mehrere Stunden für sich allein zu lernen. Sie benötigen dabei den Kontakt zu anderen Menschen, den Gedankenaustausch, die gegenseitige Unterstützung. Das bietet die Kleingruppe. In ihr macht das Lernen mehr Freude, und man hält länger durch.

Weniger Lehren, mehr Lernen: Wenn ein Lehrer oder Dozent Kleingruppenarbeit anwendet, so ergeben sich für ihn neue Möglichkeiten. Er ist fühlbar entlastet von herkömmlichen Aufgaben des „Lehrens", wie z. B. Vortragen des Stoffes oder Dirigieren aller Teilnehmer. Dafür geht er von Gruppe zu Gruppe, hört zu, macht mit, gibt Hilfestellung. Er kann individueller auf die fachlichen und persönlichen Lernschwierigkeiten seiner Schüler oder Kursteilnehmer eingehen. Statt zu lehren, fördert er das Lernen – ein Lernen, das mehr auf den Anstrengungen und Aktivitäten der Lernenden selbst beruht und dadurch erfolgreicher ist.

Begegnung mit Fachleuten

Wer in einer Kleingruppe mitarbeitet, dem wird vieles klarer. Aber manches bleibt auch ungeklärt. Oder – was wir als sehr wertvoll ansehen – es ergeben sich neue, weiterführende Fragen.

Jetzt kommt der Fachmann zum Zuge. Das ist zunächst natürlich der Lehrer oder Dozent selbst. Er bemüht sich im Anschluss an die Kleingruppenarbeit, in einer gemeinsamen Diskussion die offenen Fragen zu beantworten. Oder er verweist auf weiterführende Informationsquellen.

Oft ist es sinnvoll, außenstehende Fachleute einzuladen, z. B. Architekten, Städteplaner, Parlamentarier oder Gewerkschafter in den Politikunterricht, Künstler in den Musikunterricht, Umweltfachleute in den Biologie-, Chemie- oder Physikunterricht. Besonders wichtig sind Praktiker, damit die Lernenden sehen, ob und wie Theorie und Praxis zusammenhängen.

Begegnungen mit Fachleuten sind aber nur dann wirklich ergiebig, wenn die Lernenden darauf vorbereitet sind – so, wie wir es beschrieben haben. Andernfalls – wir kennen es alle: Ein Referent hat seinen Vortrag beendet und ermuntert zur „Diskussion“. Häufig setzt Schweigen ein, umgeben von einer Mischung aus Ergriffenheit und Ratlosigkeit. Die Hörer hatten sich um Verständnis bemüht, hatten vielleicht manches mitgeschrieben. Dem Inhalt das eigene Erleben gegenüberzustellen, dazu blieb keine Zeit. Vermutlich war auch kaum eigenes Erleben zu dem Vortragsinhalt vorhanden. Und jetzt – ganz unvermittelt – soll diskutiert, jetzt sollen kritische Fragen gestellt werden. Meist wird diese Situation als Pflichtübung und mehr schlecht als recht absolviert. – Wie anders sieht es aus, wenn die Teilnehmer eigenes Erleben vergegenwärtigt hatten und in Kleingruppen einen eigenen vorläufigen Standpunkt bilden konnten: Dann ist Leben, dann ist Auseinandersetzung und Engagement im Raum.

Damit sind wir am Ende unserer „Informationskette“ angelangt. Wer sich über die günstige Gestaltung von Unterricht noch umfassender informieren möchte, dem empfehlen wir das Buch „Erziehungspsychologie“ von Reinhard und Anne-Marie Tausch (35)*.

---

* Diese Zahl bezieht sich auf das Literaturverzeichnis am Ende des Buches.

Verständlicher schreiben heißt klarer denken

Wir möchten zum Abschluss dieses Teils noch auf Folgendes hinweisen: Wer sich um Verständlichkeit bemüht, erweist damit nicht nur anderen einen Dienst, sondern auch sich selbst. Denn indem er für seine Schüler oder Studenten Fachbücher, Lexikonartikel oder Originaldokumente ins „Verständliche" übersetzt, schult er sein eigenes Denken: Da er z. B. gegliedert und geordnet schreiben will, sucht er nach Gliederung/Ordnung im Originaltext oder trägt aktiv Ordnungsgesichtspunkte in ihn hinein. Oder: Im Bemühen um Kürze/Prägnanz schult er seinen Blick für das, was wesentlich ist an einem Text.

Und wenn es gilt, eigene Gedanken zu Papier zu bringen? Auch dann wird sich der Wunsch, verständlich zu sein, positiv auswirken, und zwar auf die Klarheit des Gedankens: Nur wenn mir selbst klar ist, was ich eigentlich sagen will, nur wenn ich meine Gedanken selbst klar verstehe, kann ich sie anderen verständlich machen.

Damit ist ein Training in verständlichem Schreiben gleichzeitig ein Training in Verstehen und Denken. Dieses Training endet nicht, wenn Sie unser Übungsprogramm durchgearbeitet haben. Wir hoffen und wünschen, es fängt damit erst richtig an.

Teil IV

Personzentriert schreiben und reden

Einleitung: Was bedeutet personzentriert?

Sie haben in den vorangegangenen Kapiteln gelernt, Texte unter den vier wesentlichen Merkmalen Einfachheit, Gliederung/Ordnung, Kürze/Prägnanz und anregende Zusätze zu betrachten und die Inhalte Ihrer eigenen Texte oder die von anderen nach diesen Merkmalen zu gestalten.

Einen *zusätzlichen* weiteren Weg gibt es: durch personzentrierte Einstellungen/Haltungen beim Schreiben und Reden Texte ansprechender zu gestalten.

Der amerikanische Psychologe und Psychotherapeut Carl Rogers ermittelte in vielen empirischen Untersuchungen: Drei Merkmale/Haltungen sind charakteristisch für förderliche zwischenmenschliche Beziehungen, er nannte sie personzentriert:

- Achtung/Rücksichtnahme auf den anderen,
- Einfühlung in die seelische Welt des anderen,
- Aufrichtigkeit,Klärung eigener Gedanken/Gefühle und Selbstöffnung gegenüber anderen.

Empirische Untersuchungen unseres Hamburger Teams ergaben nun: Texte, in denen der Autor die Person des Lesers achtet und auf sie Rücksicht nimmt, sich in dessen Gefühle und Schwierigkeiten einfühlt und der seine persönlichen Gedanken/Gefühle klärt und dem Leser des öfteren mitteilt, werden von den meisten Lesern als interessanter, lebendiger und teilweise auch als verständlicher empfunden. Die Texte sind zentrierter im Leser/Hörer.

Ein Fehlen dieser drei Haltungen bzw. Einstellungen beim Autor oder Redner ist häufig der tiefere Grund, warum Texte oder Reden so schwer verständlich gestaltet sind und die Autoren sich dessen kaum bewusst sind, ja dies öfter auch gar nicht abändern wollen. Für etliche Textautoren, Redner oder Professoren an Hochschulen ist es nicht selbstverständlich, die Schwierigkeiten und Wünsche ihrer Leser/Zuhörer zu beachten und Rücksicht auf sie zu nehmen. Manche Professoren mögen denken, wenn Studenten Vorlesungen oder Texte nicht verstehen können, dann gehören sie eben nicht in die Vorlesung oder auf die Universität. Ferner: Wissenschaftler, Juristen, Techniker oder Verwaltungsfachleute sind oft so in ihrem eigenen Fachgebiet zentriert, dass ihnen kaum der Gedanke kommt, Leser oder Hörer könnten dabei große Schwierigkeiten haben. Für sie ist es entscheidend, dass sie selbst ihren Text fachlich richtig und gut finden; damit ist ihre Aufgabe getan. Der Leser oder Hörer soll sich dem anpassen. Es ist also keine Einfühling in die seelische Situation und in die Schwierigkeiten des Lesers/Hörers vorhanden, keine Rücksichtnahme auf ihn und sehr selten ein Ausdruck persönlicher Gefühle und Gedanken.

Was bedeutet es nun praktisch, personzentriert Texte zu schreiben oder personzentriert zu reden?

Der Autor oder Sprecher achtet seine Leser/Hörer, nimmt Rücksicht auf sie

Er möchte anderen mit seinem Text oder seiner Rede behilflich sein, möchte es ihnen nicht unnötig erschweren, sondern leicht machen. Er bemüht sich um eine persönliche Beziehung zum Leser oder Hörer. Und er beachtet dessen Bedürfnisse und Fähigkeiten. Er ist bemüht, sich verständlich auszudrücken, soweit ihm das möglich ist. So wird er etwa schwierige Fremdwörter vermeiden, ebenfalls lange Schachtelsätze u. a. Ist diese Grundhaltung in einem Autor/Redner vorhanden – die Rücksichtnahme und Achtung des Lesers/Zuhörers –, dann wird dadurch auch seine Einfühlung in das Erleben der Leser/Hörer gefördert.

Geringe/fehlende Achtung und Rücksichtnahme drückt sich derart aus: Der Autor

- denkt nur an die Sachinhalte, kümmert sich nicht um den Leser/Hörer, berücksichtigt diesen nicht als Person.
- hat eine Distanz zum Leser/Hörer, stellt keine Beziehung zu ihm her, die innere Erlebniswelt mit ihren Schwierigkeiten des Lesers/Hörers ist ihm vernachlässigbar.
- sucht den Leser nicht zu interessieren, anzuregen und dessen selbständiges Denken zu aktivieren. Ja, manche verwenden besonders gerne Fremdwörter oder Fachausdrücke, um ihr Wissen und ihre Autorität herauszustellen, „sie blasen sich auf“. Beim Leser/Hörer führt das zu starken Schwierigkeiten im Verstehen des Sachinhaltes und zu einer eher negativen Beziehung zum Autor/Vortragenden.

Einfühlung in die seelische Situation des Lesers/Hörers

Der Autor/Redner sucht sich die Erlebniswelt seiner Leser/Hörer vorzustellen. Werden sie seine Texte gut verstehen können? Wo werden sie Schwierigkeiten haben? Welche Erwartungen haben sie an den Autor/Redner? Wodurch kann ich es ihnen leichter machen? Manchmal wird sich der Autor/Redner an frühere Zeiten erinnern, als er sich als Schüler oder als Student mit unverständlichen Texten herumplagte. Was war dabei hilfreich? Wie kann ich den Leser anregen, ihn mehr interessieren? Etwa, indem ich den Sachinhalt mehr auf seine Erlebenswelt beziehe?

Keine Einfühlung in die seelische Situation des Lesers/Zuhörers bedeutet: Es ist kein Wunsch oder Bemühen da, sich die seelische Situation des Lesers/Hörers vorzustellen, wie es in ihm aussehen mag, welche Schwierigkeiten oder Wünsche bestehen. Der Autor/Redner ist in sich befangen: Er versteht den Text, hält ihn – in seiner begrenzten Selbstsicht – für gut, also ist es ein guter Text für die Leser/Hörer.

Aufrichtigkeit – Klärung eigener Gefühle und Gedanken – Selbstöffnung

Der Autor/Redner ist sich beim Schreiben/Reden seiner persönlichen Gedanken und Gefühle bewusst, setzt sich mit ihnen auseinander. Einiges davon teilt er dem Leser/Hörer mit und gibt sich so als Person zu erkennen.

Seine Gedanken, mit denen er sich auseinandersetzt, mögen sein: Für mich ist es leicht, ich habe viele Sachkenntnisse. Aber werden die Leser es auch verstehen können? Berichte ich zuviel Unnötiges, Unwesentliches? Warum kann ich mich nicht kürzer fassen? Wenn ich den Lehrbuchtext sehr verständlich gestalten würde: Schadet das nicht meinem Ansehen als Wissenschaftler bei meinen Kollegen? – Sollte ich dem Leser/Hörer mitteilen, dass ich selbst manchmal Zweifel habe an der Richtigkeit einiger fachlicher Auffassungen? Soll ich dem Leser mitteilen, dass ich früher diese Sachinhalte auch nur sehr schwer verstehen konnte? – Des öfteren gibt er sich auch als Person zu erkennen. Denn ob Jurist, Professor, Techniker oder Verwaltungsfachmann: Es sind Menschen mit persönlichen Gedanken und Gefühlen. Wenn sie einiges davon ihren Lesern und Hörern mitteilen, werden diese davon angesprochen und sind interessierter.

Oder wenn ein Autor oder Redner äußert, er werde sich bemühen, sich möglichst verständlich auszudrücken, was ihm aber manchmal nicht gelinge. Oder er mag mitteilen, was er persönlich von dem vorgetragenen Sachinhalt denkt, welche Bedeutung dieser für ihn selbst hat. Des öfteren wird er etwa innehalten und sagen: „Ich mache mir Gedanken, ob Sie hier alles verstehen können?“ „Haben Sie Wünsche zum Inhalt des Vortrages?“ Oder er wird im Text oder im Vortrag Fragen stellen, die das Denken anregen: „Womit mag das zusammenhängen?“ Dies sind Fragen, die er sich selbst denkend gestellt hat oder stellt.

So sind personzentrierte Texte nicht einfach eine Anhäufung von Wissen, sondern ein fortwährendes Nachdenken, Überlegen, an dem der Autor bzw. Redner den anderen teilnehmen lässt.

Es ist naheliegend, dass personzentrierte Autoren oder Redner ihre Leser/Hörer mehr anregen, ansprechen. Die Beziehung zu ihren Lesern/Hörern ist persönlicher, die Inhalte werden oft besser verstanden. Aber auch der Autor profitiert: Er vertieft sein Verständnis für das Sachthema durch das Suchen nach Wesentlichem und nach einer besseren Trennung vom Überflüssigen, nach einfacherem Ausdruck, nach deutlicheren Akzenten. Der Autor selbst ist lebendiger, und das drückt sich in seinem Schreiben und in seinem Reden aus.

Allerdings ist es wichtig, dass der Autor die Verständlichkeits-Merkmale Einfachheit, Gliederung/Ordnung sowie Kürze/Prägnanz nicht außer Acht lässt!

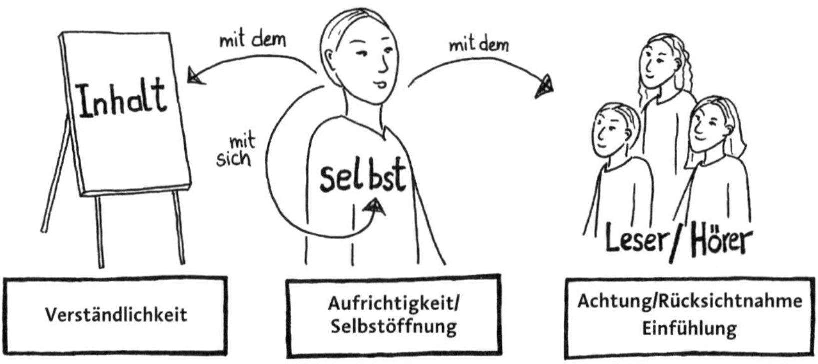

Abb.: Der Textautor im dreifachen Kontakt mit dem Leser/Hörer, mit dem Fachwissen sowie mit sich selbst. (Zeichnung: Dina Barghaari)

Zusammenstellung wesentlicher Merkmale der personzentrierten Haltungen eines Autors/Redners gegenüber dem Leser/Hörer

*Achtung – Wertschätzung – Rücksichtnahme**

Merkmale bei großem Ausmaß	Merkmale bei geringem/fehlendem Ausmaß
Achtet den Leser/Hörer als Person.	Achtet und berücksichtigt Leser/Hörer nicht als Person.
Bemüht sich um eine positive persönliche Beziehung zum Leser/Hörer.	Hat Distanz zum Leser/Hörer, stellt keine Beziehung zu ihm her, kümmert sich nicht um ihn.
Möchte dem Leser/Hörer mit seinem Text/Rede helfen.	Nimmt auf Bedürfnisse und Fähigkeiten des Lesers/Hörers wenig/keine Rücksicht.
Nimmt Schwierigkeiten, welche der Leser/Hörer hat, ernst.	Achtet nicht auf Verständlichkeit.
Berücksichtigt Wünsche und Bedürfnisse der Leser/Hörer.	„Doziert", belehrt, stellt sein Wissen heraus, erwartet Achtung und Anerkennung vom Leser/Hörer.

* Diese und die nachfolgenden beiden Merkmalsskalen können auch von Beurteilern quantitativ auf das Ausmaß eingeschätzt werden, z. B.: Der Autor/Redner ist achtungsvoll-wertschätzend-rücksichtsvoll:

+ + = deutlich   + = öfters   – = selten   – – = kaum/gar nicht

Einfühlung und Verstehen der Gedanken und Gefühle

Merkmale bei großem Ausmaß	Merkmale bei geringem/fehlendem Ausmaß
Sucht sich in die seelische Situation und Erlebniswelt des Lesers/Hörers hinein-zuversetzen.	Kein Wunsch-Bemühen, sich die seelische Situation des Lesers/Hörers einfühlsam vorzustellen.
Stellt sich die Gefühle und Gedanken der Leser/Hörer bei seinem Text/seiner Rede vor.	Läßt die Erlebniswelt des Lesers/Hörers außer Acht.
Versucht die Schwierigkeiten seiner Leser/Hörer zu verstehen: Wie würde ich über diesen Text oder meine Rede denken?	Denkt nur an den Sachinhalt.
Ist interessiert an Rück-meldungen von den Lesern/Hörern über ihre Erfahrungen.	Ist überzeugt, dass seine sachlichen Ausführungen gut für den Leser/ Hörer sind.

Aufrichtigkeit – Klärung eigener Gedanken und Gefühle – Selbstöffnung

Merkmale bei großem Ausmaß	Merkmale bei geringem/fehlendem Ausmaß
Die Äußerungen des Autors/Redners entsprechen seinem Denken und Fühlen.	Die Äußerungen sind öfters unterschiedlich/gegensätzlich zu seinen Gedanken und Gefühlen.
Verhält sich ungekünstelt, ohne Fassade; macht deutlich, welche Absichten er verfolgt.	Der Autor/Redner wirkt unpersönlich, professionell, routinemäßig, gekünstelt, floskelhaft, taktiert mit seinen Äußerungen.
Ist gleichsam in seinem Denken und seinen Äußerungen durchsichtig. Legt öfter dar, was er persönlich denkt. Verschweigt nicht, was er fühlt. Drückt z.B. Freude oder Belastung aus.	Keine Äußerungen über sein Inneres, über seine Gedanken/Gefühle, vermeidet persönliche Stellungnahmen. Gibt sich „sachlich".
Ist sich beim Gestalten von Texten und Reden seiner persönlichen Gedanken und Gefühle bewusst. Setzt sich damit auseinander.	Ist gleichsam ein unpersönliches Neutrum, das sein Wissen über die Leser/Hörer „ausgießt".
Ist offen für Verbesserungswünsche oder Kritik von Lesern/Hörern.	Ist wenig offen für Rückmeldungen der Leser/Hörer.

Beispiele für personzentrierte und nicht-personzentrierte Texte

Im folgenden sind Texte und Reden dargestellt, die von neutralen geschulten Beurteilern auf das Ausmaß ihrer Personzentriertheit eingeschätzt wurden – auf Achtung, Einfühlung, Aufrichtigkeit/Selbstöffnung. Aus Platzgründen sind nur kleinere Ausschnitte dargestellt.

Sachtexte, Unterrichtstexte

Auf diesem Gebiet hat Frau Dr. Marlen Bartels, geb. Hamelmann, in unserer Forschungsgruppe gearbeitet. Sie wählte Originaltexte aus, die wenig personzentriert waren. Dann arbeitete sie mit anderen einen personzentrierten Alternativtext aus. Danach wurden beide Texte von einer größeren Anzahl von Beurteilern hinsichtlich des Ausmaßes der Personzentriertheit eingeschätzt. Ferner wurde bei verschiedenen Lesergruppen festgestellt, in welchem Ausmaß diese Texte behalten wurden und welche Empfindungen und Gedanken die Leser bei diesen Texten hatten: Alle personzentrierten Texte wurden anregender eingeschätzt, die Leser wollten sich mehr damit beschäftigen und die Behaltensleistungen waren in begrenztem Ausmaß besser. Der Schulbuchtext Klima (siehe Seite 125ff) wurde z. B. folgendermaßen umgestaltet:

Klima

Personzentrierter Text*

Das Klima im ozeanischen Europa

Als Kind habe ich geglaubt, das Wetter und die Lebensweise der Menschen in anderen Gebieten der Welt sind genauso wie bei mir zu Hause. Später – auf Reisen – merkte ich: Das stimmt nicht. Im Orient oder in Afrika z. B. lernte ich ganz andere Lebensverhältnisse kennen. Gleichzeitig erkannte ich besser, was typisch war für den Teil von Europa, in dem ich wohnte – das „ozeanische Europa". Was ist nun das Typische? Darüber möchte ich Dir jetzt einige Informationen geben, vor allem über das Klima, die Bevölkerung und die Kultur.

Zunächst: *Wo liegt das ozeanische Europa?*

Die Grenzen: Mit „ozeanischem Europa" ist der westliche Teil von Europa gemeint. Sein Name kommt daher: Der Ozean prägt das Klima dieses Gebietes. Im Norden liegt die Grenze fast 5° über dem Polarkreis, im Süden geht sie bis zum 35. Breitengrad. Nach Osten reicht es bis zur sowjetischen Grenze, einschließlich Polen und Baltikum. Das ozeanische Europa ist 5 Millionen km² groß. Das ist etwa die Hälfte von ganz Europa.

Das Klima: Du kennst es ja zum Teil aus eigener Erfahrung. Es ist weder extrem kalt noch extrem warm. Das ozeanische Europa liegt in der gemäßigten Zone. Der Wind weht meist von Westen, vom Atlantischen Ozean. Diese Westwinde bringen viel Regen. Darum können viele Pflanzen wachsen. Von Natur ist dieses Gebiet überwiegend Waldland.

Das nördliche Skandinavien gehört auch zur gemäßigten Zone. Du wirst Dich vielleicht darüber wundern, denn in anderen Erdteilen in so nördlichen Gebieten zittern die Menschen bereits vor Kälte beim arktischen Klima. Woran kann das liegen? Der *Golfstrom* ist dafür die Ursache. Vom Äquator bringt er Wärme in diese nördlichen Zonen.

Im Süden, in den Mittelmeerländern, ist es im Sommer sehr trocken und heiß. Weshalb? – Hier wehen im Sommer statt der Westwinde die Passatwinde. Erst im Winter bringen die Westwinde genügend Feuchtigkeit.

Im Osten geht das Klima allmählich vom ozeanischen zum festländischen (kontinentalen) Klima über.

Was bestimmt das Wetter im ozeanischen Europa? – Luftmassen aus allen Richtungen kämpfen ständig um den Sieg. Du hast vielleicht im

* Quelle der folgenden 5 Texte: Bartels, geb. Hamelmann, M. (1985): Verständlichkeit von Informationstexten und ihr Zusammenhang mit personzentrierten Qualitäten. Dissertation, Fachbereich Psychologie, Universität Hamburg. Frau Dr. Marlen Bartels hat uns wertvolle Verbesserungshinweise gegeben. Vielen herzlichen Dank!

Wetterbericht oft schon von den wandernden Tiefdruckgebieten gehört. Dann mußt Du mit Regen rechnen.

Die Bevölkerung: In dieser Hälfte von Europa wohnen drei Viertel aller Europäer. Das sind 450 Millionen. Allein 250 Millionen davon leben in den dichtbesiedelten Ländern wie Deutschland, Frankreich, Großbritanien, Italien, Niederlande, Belgien.

Die Kultur: Die Technik des Industriezeitalters ist hier entstanden. Ich habe mich früher gewundert: warum gerade hier? Eine Erklärung dafür sehe ich einerseits in den reichen Kohle- und Erzlagern. Andererseits arbeiten die Menschen viel und entwickeln gute Ideen. Eine andere Tatsache: Obwohl die Menschen an ganz unterschiedlichen Orten wohnen, ist ihre Lebensform doch recht einheitlich. Woher kommt das? – Einen Grund finde ich im ähnlichen Klima und anderen natürlichen Lebensbedingungen. So konnten Christentum und Antike sich überall gleich auswirken. Diese kulturelle Einheit fällt mir auf, wenn ich sie vergleiche mit den Nachbarn der Ozean-Europäer: den Russen, Orientalen und Afrikanern.

Die Rolle der Sozialpsychologie

Original-Text*

Als Teilgebiet der Psychologie beschäftigt sich auch die Sozialpsychologie mit den Stellungnahmen individueller Lebewesen, wobei es ihr im wesentlichen um menschliche Individuen geht. Als eine Stellungnahme bezeichnen wir einerseits das durch einen außenstehenden Beobachter registrierbare Verhalten, andererseits aber auch die eventuell nur der Introspektion zugänglichen gefühlsmäßigen und gedanklichen Bezugnahmen eines Individuums auf Sachverhalte und Personen seiner Umwelt bzw. auch die reflektierenden Bezugnahmen auf die eigene Person. Diese auf Sachverhalte und Personen bezogenen Erlebnisse werden allerdings erst dann Gegenstände einer auf Objektivität Anspruch erhebenden Wissenschaft, wenn das erlebende Individuum sie entweder aus der privaten Unmittelbarkeit des Geschehens heraus deutend objektiviert, d. h. wenn es ihnen z. B. sprachlichen Ausdruck verleiht, oder wenn der außenstehende Beobachter sie aus dem Verhalten des Individuums erschließt. Es ist dabei durchaus möglich, daß der auf Schlußfolgerungen angewiesene Beobachter die Erlebnislage eines Individuums anders beurteilt als dieses selbst dies in seinem kommunikativen Deutungsakt tut. Es mag sich hier um den Fall einer intendierten, aber nicht völlig gelungenen Täuschung handeln, oder um eine Selbsttäuschung des Individuums hinsichtlich sei-

* Aus einem Lehrbuch für Psychologie-Studierende

ner Einstellungen zu Sachverhalten und Personen; schließlich können solche Unterschiede auch darauf zurückgehen, daß die Ausdrucksmittel des Individuums vom Beobachter anders verstanden werden als sie gemeint sind. Während sich z.B. der Abendländer erhebt, um seinen Respekt vor dem Höherstehenden zu bekunden, setzen sich manche Südseeinsulaner nieder, womit sie das Höherstehend des anderen durchaus sinnfällig machen. Die Stellungnahme des Individuums, mit denen sich die Psychologie beschäftigt, sind somit Beobachtungsdaten, aufgrund deren die Erlebnislage dieses Individuums schlußfolgernd objektiviert wird.

Der Ausdruck „Stellungnahme“ vermeidet die Einschränkung auf ein passives Gebaren, die in dem geläufigeren Wort „Reaktion“ enthalten ist. Stellungnahmen können durch Ereignisse in der Umwelt mehr oder weniger bedingt werden: Im Falle „mehr“ denken wir an Reaktionen, im Falle eines „weniger“ an Aktionen. Das Grundkonzept muß aber so angesetzt sein, daß es die Möglichkeit eines spontanen, d.h. nicht durch Umweltreize ausgelösten Verhaltens offen läßt. Wir müssen uns weiterhin die Möglichkeit wahren, daß erst die Stellungnahme des Individuums gewissen Umweltereignissen „Reiz-Charakter“ verleiht. Dies ist etwa dann der Fall, wenn ein Individuum gewisse Umweltereignisse als bedeutungsvoll auswählt, die andere Lebewesen gar nicht beachten.

Personzentrierter Text:

„Wie ist Ihre Stellungnahme zu Atomkraftwerken, oder zur antiautoritären Erziehung oder zum Rauchen?“ So könnten Sie zum Beispiel auf der Straße um Ihre Meinung gebeten werden. Vielleicht äußern Sie Ihre Stellungnahme. Eventuell gehen Sie aber achselzuckend ohne Antwort weiter. Der Frager muß dann Ihre Stellungnahme erraten. Von solchen Situationen kennen Sie das Wort „Stellungnahme“ aus der Umgangssprache. Es wird auch in der Psychologie verwendet, jedoch in einer etwas anderen Bedeutung.

Als Sozialpsychologe bezeichne ich mit Stellungnahme nicht nur das, was jemand sagt, sondern alles, was Menschen tun, denken und fühlen in bezug auf Sachverhalte, andere Menschen oder auf die eigene Person („Reflektion“ genannt). Stellungnahmen können z.B. sein: an einer Anti-Kernkraftdemonstration teilnehmen, die eigene Meinung zur antiautoritären Erziehung äußern oder für sich das Rauchen zu überdenken. Ich möchte als Wissenschaftler die Stellungnahmen von Menschen auf möglichst objektive Weise untersuchen. Das Problem dabei ist: Ich kann die Gefühle und Gedanken anderer Menschen nicht unmittelbar beobachten. Unmittelbar zugänglich sind mir höchstens meine eigenen Gefühle und Gedanken. Sein eigenes Innenleben betrachten heißt im Fachwort „Introspektion“. Sie ist subjektiv und nicht objektiv. Ich verwende zwei Methoden, um trotzdem objektiv forschen zu können:

1. Ich bitte einfach meine Untersuchungspersonen, ihre Gefühle und Gedanken auszusprechen. Ich kann dann ihre Äußerungen wissenschaftlich analysieren.
2. Ich beobachte, wie sich meine Untersuchungspersonen verhalten, und versuche aus ihrem Verhalten zu erschließen, was sie denken oder fühlen. Dabei kann es zu Irrtümern kommen. Zum Beispiel:

   - Die Untersuchungsperson sagt absichtlich etwas Falsches über sich.
   - Die Untersuchungsperson täuscht sich selbst über ihre Stellungnahme.
   - Der Wissenschaftler deutet das beobachtete Verhalten falsch. Dies kann passieren, weil manchmal ein bestimmtes Verhalten durch ganz unterschiedliche Gedanken und Gefühle ausgelöst wird. Zum Beispiel: Weinen bedeutet meistens, daß man traurig ist. Man kann aber auch vor Freude weinen.

Warum verwende ich den Ausdruck „Stellungnahme" und nicht das geläufigere Wort „Reaktion"? Ich halte dieses Wort für weniger günstig. Es könnte so aussehen, als ob uns nur die Umwelt zum Handeln bringt. Ich denke aber, wir handeln auch spontan, von uns heraus. Darum spreche ich lieber von Stellungnahme. Dieses Wort ist allgemeiner. Es berücksichtigt beides:

- sowohl auf Umweltreize reagieren
- als auch spontan von sich aus handeln.

Es umgeht ferner die Schwierigkeit, daß sich oft nicht angeben läßt, ob eine bestimmte Situation als Reiz für einen Menschen wirkt und somit seine Reaktion auslöst oder ihn gleichgültig läßt. Das hängt von der Stellungnahme des einzelnen ab. Ein Beispiel dazu: Meine abergläubische Tante reagiert ängstlich auf eine schwarze Katze, die von links ihren Weg kreuzt. Ich dagegen achte überhaupt nicht darauf, mit ist die Farbe einer Katze und die Richtung, aus der sie kommt, gleichgültig. Für mich hat diese Situation gar keine Bedeutung für meine Zukunft.

Quarks

Original-Text*

Eine neue Theorie über die Wechselwirkungen der allerkleinsten Teilchen „glühende Quarks"

Die neueste bizarr-witzige Namensschöpfung für den Bereich des Allerkleinsten stellen drei amerikanische Physiker dieser Tage im Fachblatt Physical Review Letters vor: Quarks, die innersten Bestandteile des Atoms, könnten nicht durch „Farbe", sondern durch „Glühen" (englisch: glow) zusammengehalten werden.

Treffen die theoretischen Überlegungen der Doktoren Slansky und Goldman von der University of California in Irvine sowie von Gordon Shaw vom Los Alamos Laboratory im Bundesstaat New Mexiko zu, dann könnte es – entgegen der gängigen Theorie – doch „freie", nicht in Atomkernteilchen oder anderen elementaren Partikeln gebundene Quarks geben. „Freie" Quarks aber hätten seltsame Eigenschaften, dank derer sie, Katalysatoren gleich, die Bemühungen um die Nutzung der Kernfusion als Energiequelle fördern oder außergewöhnliche neue chemische Prozesse möglich machen würden.

Natürlich hat der neue Name, einer Mode der modernen Physik folgend, wenig mit seiner herkömmlichen Bedeutung zu tun. Dieses „Glühen" ist mit der (ebenfalls willkürlich so benannten) Eigenschaft „Farbe" verwandt. Als „Farbe" (colour) bezeichnen die Hochenergiephysiker jenes Kraftfeld, das ein Quark-Teilchen umgibt und andere Quarks anzieht. „Glühen" bezeichnet demnach einen Teil des „Farbfeldes", genauso wie ein elektrisches oder magnetisches Feld für sich genommen Teil es vereinigten elektromagnetischen Feldes ist.

Nach der nun veröffentlichten Theorie herrscht die volle Farbfeldstärke nur über sehr kurze Entfernungen vom Quark-Teilchen. Auf größere Entfernung verschwindet ein Teil der Farbfelder und hinterläßt eben ein „Glühen". Da das „Glühen" schwächer als die „Farbe" ist, könnte mitunter ein Quark aus der festen Bindung an seine Partner fliehen und eine Existenz als „freies" Quark führen.

Die neue Theorie hat den Vorteil, daß sie offensichtlich alle Phänomene erklärt, die auch die „Farbe" erklärt – und mehr „Farbe" ist eine Generalisierung des elektromagnetischen Feldes. Während jedoch der Elektromagnetismus nur eine einzige elektrische Ladung (samt deren entgegengesetzt geladenem Partner) kennt, besteht „Farbe" aus drei Arten von „elektrischer Ladung" und deren Gegenstücken. Deshalb müssen mehrere Quarks sich verbinden (gewöhnlich in Dreiergruppen), um farbneutrale oder „farblose" Teilchen zu bilden. Zu diesen Partikeln zählen Proton und Neutron: Teilchen …

---

* Zeitungsartikel

Personzentrierter Text

Eine neue Theorie über die Wechselwirkungen der allerkleinsten Teilchen „glühende Quarks“

Ich möchte von einer neuen Theorie über Quarks berichten. Quarks nennen die Physiker die innersten Bestandteile des Atoms. Vielleicht denken Sie: „Was geht mich das an?“ Oder: „Das verstehe ich sowieso nicht!“ – Dazu will ich Ihnen sagen: Wenn diese neue Theorie sich bestätigen und praktisch anwenden lassen sollte, dann würde dies die Energiegewinnung geradezu revolutionieren – und das, denke ich, betrifft jeden von uns. Und was das Verstehen anbelangt: Auch ich als Wissenschaftsjournalist bin weit davon entfernt, diese Sache wirklich zu begreifen. Aber ich glaube, ich habe wenigstens eine gewisse Vorstellung davon bekommen, und die kann ich Ihnen weitergeben.

Zunächst einige Informationen über Quarks und die bisher gängige Theorie: Quarks sind die allerkleinsten Teile innerhalb von Atomen. Die Physiker stellen sich das so vor: Die Atome sind aus kleinen Partikeln zusammengesetzt, den sogenannten Elementarteilchen. Diese sind wiederum aufgebaut aus noch kleineren Teilchen, die Quarks heißen. Jedes Quark ist von einem Kraftfeld umgeben. Dieses Kraftfeld nennen die Hochenergiephysiker „Farbe“ (das ist eine willkürliche Bezeichnung, die mit Farbe im umgangssprachlichen Sinne nichts zu tun hat).

Die „Farbe“ zieht andere Quarks an – so ähnlich wie ein elektrisch positiv geladenes Atomteilchen (Proton) ein negativ geladenes (Elektron) anzieht. Ein wichtiger Unterschied ist jedoch: Der Elektromagnetismus kennt nur eine einzige elektrische Ladung (und deren Gegenstück). „Farbe“ dagegen besteht aus drei Arten von „elektrischer Ladung“ und deren Gegenstücken. Deshalb verbinden sich immer mehrere Quarks miteinander, in der Regel drei. Eine solche Dreiergruppe ist dann farbneutral oder „farblos“.

Jetzt komme ich zum entscheidenden Punkt: Die Farbkraft soll ein wahrer „Super-Klebstoff“ sein. Einmal verbundene Quarks bleiben darum auf ewig verbunden, und es gibt keine einzelnen, freien Quarks. Das nahm jedenfalls die bisher verbreitete Theorie an – bewiesen wurde es jedoch bisher nicht. Und trotz jahrelangen Suchens gab es bisher auch keinen experimentellen Hinweis, daß es freie Quarks geben könnte.

Eben dies hat sich nun vielleicht geändert: Seit einiger Zeit sind immer wieder einzelne Quarks gefunden worden, und zwar von Professor William Fairbanks renommierter Forschungsgruppe an der Stanford University in Kalifornien. Zunächst glaubte niemand diese Ergebnisse. Aber nun wächst – widerwillig – die Ahnung, daß Fairbank recht haben könnte. Das bedeutet natürlich, daß die Farbtheorie (Fachwort: Quantenchromodynamik) überarbeitet werden müßte ...

Die Auswirkungen dieser personzentrierten Sachtexte auf den Leser

- Die Verstehens- und Behaltensleistungen waren bei den personzentrierten Textformen signifikant größer als bei den Originaltexten (32% beim Klimatext, 36% beim Physik-Zeitungsartikel und 18% beim Lehrbuchtext Sozialpsychologie).
- Ferner wurden die Texte von den Lesern auf einer Skala beurteilt „Texte regen den Leser persönlich an“. Auch hier waren bei den personzentrierten Texten die Werte deutlich besser als bei den Originaltexten. Beim Text Sozialpsychologie ergab sich ein Gewinn von 55%, bei dem Physikzeitungsartikel von 47%, beim Klima-Artikel von 18% (sämtliche Werte statistisch signifikant auf dem 1%-Niveau).
- Auf der Skala „Autor kennengelernt“ erhielten die personzentrierten Texte ebenfalls bessere Einschätzungen, der Text Sozialpsychologie 67%, der Zeitungsartikel 56%, der Klimaartikel 47%.

Kirchliche Predigten

Der Psychologe Olaf Kormannshaus (1984) in unserem Forschungsteam machte mit Erlaubnis Tonaufnahmen von Predigten in der Kirche. Aus den 93 Predigten wählte er 6 Predigten aus, die nach Einschätzung von darin geschulten Psychologen ein *hohes Ausmaß* von Achtung/Wärme, einfühlendem Verstehen und Echtheit/Selbstöffnung hatten. Ferner wurden andere 6 Predigten ausgewählt, mit *niedrigem Ausmaß* in den drei personzentrierten Haltungen.

Lesen Sie nun zwei nicht-personzentrierte Predigten. Die erste Predigt zeigt keinerlei persönliche Äußerungen über Denken und Fühlen oder über die Person des Predigers (keine Selbstöffnung). – Der nächste Text ist besonders charakteristisch für geringes einfühlendes Verstehen in die Hörer.

Wenig personzentrierte Predigt: keine Selbstöffnung

In einer neueren Auseinandersetzung Sternbergers mit dem Thema Tod ist folgender Satz zu lesen: Der Tod ist das Ende des Lebens; gar nichts anderes und weiter nichts. Gerade das aber ist das Unerträgliche. Ja, meine Zuhörer, der Mensch findet sich mit dem Tod nicht ab, obwohl er ihn immer wieder verdrängt aus dem Bewußtsein. Gerade wir leben in einem Kulturkreis und in einer Zeit, in der zwar neuerlich wieder über den Tod gesprochen wird und ungeheuer viel über den Tod und das Sterben geschrieben wird; eine Zeit jedoch, die den Tod auf eine eigentümliche Weise isoliert vom übrigen Leben; mit dem man im Grunde nichts anfangen kann; ja den man, obwohl man soviel darüber redet, an den Rand des Bewußtseins verdrängt. Meine Zuhörer, mit dieser Verdrängung des Todes als eines Teiles meines Lebens – der Tod gehört ja zu meinem Leben, das Sterben ist ein Lebensvorgang – mit dieser Verdrängung des Todes geht Hand in Hand, vielleicht ist das gar die Ursache, der Verlust jener Erwartung, die die Menschen, zumal die Christen, früher erfüllt hat, daß sie ihr ganzes Leben danach ausrichteten und gestalteten. Ich meine die Erwartung des Endes der Zeit.

Wenig personzentrierte Predigt: wenig einfühlendes Verstehen

Auch uns Menschen von heute muß gesagt werden, was gut und was böse ist. Warum aber muß uns gesagt werden, was gut und was böse ist? Weil der Mensch aus sich heraus nicht fähig ist, durch Überlegungen, welche die Vernunft ihm gestattet, oder aus der Sprache des Gewissens heraus zu erfahren, was gut und was böse ist. Es ist zwar heute üblich geworden, sich dem Gewissen anzuvertrauen, sich auf das Gewissen zu berufen. Aber das Gewissen bedarf selbst einer Orientierung, einer Leitung, einer Bindung.

Personzentrierte Predigt mit hohem Ausmaß an einfühlendem Verstehen

Geht es Ihnen beim Lesen und Hören der Worte so wie mir, daß Sie eine tiefe Sehnsucht befällt, so müßte es sein: Die Liebe soll uns in unserm Leben tragen. Hoffentlich hört diese Liebe nicht auf; hoffentlich bleibt sie in den Beziehungen der Menschen untereinander, in der Ehe, in der Beziehung zwischen Eltern und Kindern, zwischen Geschwistern. Hoffentlich werde ich immer spüren, wie trotz aller Gegensätze in unserer Gemeinde das Band der Liebe uns alle miteinander verbindet.

Und andererseits denke ich: Sind die Ansprüche hier nicht zu hoch gestellt? Wo ist der Mensch, der so lieben kann, wie es hier von der Liebe gesagt wird? Wer kann das, immer langmütig sein? Sich nicht erbittern lassen? Das Böse nicht zurechnen? Alles ertragen, alles glauben, alles erhoffen, alles dulden?

Wir können lange nach diesem Menschen suchen. Und wir meinen manchmal, ihn gefunden zu haben: In der hingebungsvollen Liebe einer Mutter, im Einsatz eines Menschen für andere.

Wenn wir hören, was hier über die Liebe gesagt wird, fragen wir doch wieder: Wer kann so lieben?

Mir fällt nur einer ein, der wirklich so geliebt hat, wie Paulus es hier sagt: Jesus Christus. Und ihn mag Paulus vor Augen gehabt haben, als er dieses Kapitel schrieb, das wir als Hoheslied der Liebe bezeichnen.

Eine weitere Predigt, in hohem Ausmaß personzentriert

Auch in mir sind solche Fragen. Ist Gott nicht grausam? Vieles sträubt sich in mir, mich überhaupt mit diesem Text zu beschäftigen; geschweige denn darüber zu predigen. Ich wehre mich innerlich dagegen. Die Erzählung macht mir Angst. So ist Gott doch nicht. So möchte ich nicht von Gott denken. Und wenn schon, dann ist es der Gott des Alten Testamentes; keinesfalls aber der Gott des Neuen Testamentes, der liebende Vater, von dem Jesus uns erzählt hat. ...

Ich möchte laut aufschreien. Das kann doch nicht in der Bibel stehen. Es ist hart, sein Kind zu verlieren, noch härter, das einzige Kind. Am unvergleichlich härtesten aber, daß Abraham selbst Hand anlegen sollte. Ist das Gottes Wille?

Ich möchte trotz allem wagen, über diese Geschichte zu predigen. Nicht nur, weil sie den vorgeschlagenen Predigttext für heute stellt – und heute kurz vor Karfreitag uns in Erinnerung ruft, welches Opfer Christus für uns gebracht hat.

Ich finde diese Geschichte wichtig, weil sie in uns etwas anklingen läßt, was wir häufig auch kennen: nicht in dieser extremen Zuspitzung, aber doch so, wie es eine der Überschriften ausdrückte: Der unbegreifliche Gott.

Das ist eine schmerzvolle Seite meines Glaubens: Daß Gott mitunter so ferne ist, so unbegreiflich. Und ich möchte euch heute morgen in der Predigt mit in diese Fragen hineinnehmen.

Der interessierte Leser findet weitere Befunde über kirchliche Predigten in Untersuchungen von Dr. Reinhold Schwab und Prof. Dr. Anne-Marie Tausch vom Psychologischen Institut III der Universität Hamburg. (s. Literatur Nr. 39 u. 40)

Über Reden von Politikern und ihre Verbesserung durch personzentrierte Haltungen hat der Psychologe Thomas von Stosch (1982) gearbeitet. (s. Literatur Nr. 41)

Texte gestalten mit personzentrierten Haltungen unter Beachtung der vier Verständlichkeitsmerkmale

Vielleicht werden Sie denken: Ich sehe es ein, dass ich bei der Gestaltung von Texten den Leser/Hörer achte, auf ihn Rücksicht nehme, dass ich mich in seine seelische Situation und seine Schwierigkeiten einfühle und dass ich mich mit meinen Gefühlen und Gedanken auseinandersetze und einen Teil davon den Hörern mitteile. Dann werden meine Texte anregender, wecken mehr Interesse und ich habe eine bessere Beziehung zu den Lesern/Hörern. Wie aber soll ich gleichzeitig die Texte nach den vier Verständlichkeitsmerkmalen Einfachheit, Kürze/Prägnanz, Gliederung/Ordnung und anregende Zusätze gestalten? Wenn ich mich hinsetze zu schreiben, kann ich immer alles dies bewusst vor Augen haben und dann noch die Sachinhalte?

Wenn Sie längere Zeit Erfahrung haben, Texte nach den vier Verständlichkeitsmerkmalen zu gestalten, wird Ihnen das mehr „in Fleisch und Blut“ übergehen, Sie werden es zu einem Teil intuitiv machen. Aber wenn der Sachinhalt recht schwierig ist, wird auch nach einiger Erfahrung die verständliche und personzentrierte Gestaltung häufig nicht einfach sein.

Wir möchten Ihnen als Hilfe einen praktischen Hinweis geben, den einer von uns – Reinhard Tausch – schon seit Jahrzehnten bei den meisten seiner Texte in Büchern und Forschungsartikeln beachtet und der ihm sehr hilft:

„Wenn ich als Student einen Text zu gestalten hatte – ein Referat, einen Bericht oder meine Examensarbeit – dann war es für mich sehr schwer, mich hinzusetzen, mit der Einleitung zu beginnen und dann satzweise den ganzen Artikel aufzubauen. Schon bei kleinen Artikeln kamen mir bei der Einleitung wichtige Gedanken für das Ende oder die Mitte. Was sollte ich tun, damit ich da eine Ordnung hineinbekam? Ich bin nicht der Mensch, der das alles in Gedanken säuberlich ordnen und dann aus dem Gedächtnis abrufen kann.

Da half mir sehr eine erleichternde Vorgehensweise, die mir mein Professor empfahl. Und entsprechend seinem Ratschlag handle ich bis heute. Das sieht so aus:

- Ich habe immer eine größere Anzahl von Zetteln in Postkartenformat auf dem Schreibtisch oder bei mir. Es sind Schreibmaschinenblätter, die ich in vier Teile zerschneiden lasse. Und nun sammle ich Gedanken, die mir einfallen, zum Schluss, zur Einleitung oder zur Mitte; am Schreibtisch oder wenn ich unterwegs bin, etwa in der Bahn. *Jeden Gedanken oder jeden Sachinhalt schreibe ich auf* **ein** *Blatt.* So kann ich meiner Kreativität, meiner Intuition freien Lauf lassen, und das ist für mich sehr wichtig. Und nichts geht verloren.
- Nach einiger Zeit – bei größeren Artikeln nach mehreren Tagen oder einigen Wochen – breite ich alle Zettel auf einem großen Tisch aus. Die Zettel, die mit ihren Gedanken oder Inhalten in etwa zusammengehören, lege ich zueinander.
- Danach lege ich die Zettel zur Einleitung und zum Anfang des Textes auf die linke Seite. Auf die rechte Seite die Zettel eher zum Schluss des Textes, die übrigen in die Mitte. So habe ich schon eine grobe Gliederung.
- Dann schaue ich, ob ich die vielen Zettel in der Mitte noch etwas besser ordnen kann. Häufig fallen mir dann weitere Gliederungsgesichtspunkte ein.
- Die Zettel, die zu einem Ordnungsgesichtspunkt (Kapitel) gehören, werden zusammengelegt.
- Ehe ich dann den Tisch abräume, bekommen die Zettel der Einleitung, der Kapitel in der Mitte und am Ende eine Umhüllung, ein in der Mitte geknickter DIN A5 Bogen. Dann schreibe ich eine ungefähre Kapitelüberschrift darauf.
- Jetzt habe ich das Gefühl, dass sich das Ganze etwas lichtet. Und in den nächsten Tagen oder Stunden beschäftige ich mich mit den einzelnen Umhüllungen, kann dort etwa manche neue Zettel einfügen, die Zettel ordnen oder sehen, wo Lücken sind und Ergänzungen notwendig werden. Ich kann wieder meiner Kreativität freien Lauf lassen, ich brauche nicht zu befürchten, dass mir irgend etwas verloren geht oder dass ich in ein Chaos komme.

Wenn die Sammlung meiner Gedanken vollständig ist und auch eine gewisse Gliederung da ist, dann spreche ich diesen Text für mich als Vortrag, ich rede. Dabei merke ich häufig, hier passt etwas nicht hin, hier muss ich etwas ergänzen oder das ist gut. Sehr günstig ist es, wenn ich vor einem Seminar darüber spreche, Rückmeldungen bekomme, diskutiere.

Einige Tage später spreche ich den Text auf ein Tonband, das dann abgeschrieben wird. Ich könnte den Text auch ohne vorheriges

Sprechen schreiben oder schreiben lassen. Allerdings habe ich festgestellt, dass das Sprechen eines Textes in ein Tonaufnahmegerät sehr viel günstiger ist als das sprachlose Schreiben. Während des Sprechens verfertigen sich die Gedanken, es wird ein Stück lebendiger, natürlicher.

Wenn dann der Text von mir gesprochen und geschrieben ist, am besten zweizeilig mit Zwischenraum, dann „bearbeite" ich den Text nach den Verständlichkeitsmerkmalen, insbesondere auf einfache Sätze und klare Gliederung/Ordnung oder füge auch einige persönliche Gedanken und Gefühle in den Text ein. Und immer wieder frage ich mich dabei: Ist dieser Satz klar genug? Was ist das Wesentliche, das du übermitteln willst? Kann das auch der Leser verstehen?

Manchmal habe ich mich nicht an diese Art der Textgestaltung gehalten, sondern alles auf DIN A4 Seiten hintereinander weggeschrieben. Fast immer habe ich dann die Erfahrung gemacht, dass ich sehr viel mehr Zeit gebraucht habe, immer wieder neue DIN-Seiten beschrieben habe, weil ich umorganisieren musste, manches falsch war, zu schwer ausgedrückt und viele neue Gedanken später dazu kamen. So bin ich immer wieder reumütig zu dem Vorgehen zurückgekehrt, zunächst Gedanken und Sachinhalte zu sammeln, jeden Gedanken auf einen Zettel. – Vielleicht versuchen Sie es auch einmal."

Teil V

Wissenschaftliche Belege

Einleitung: Was erwartet Sie in diesem Teil?

Wir hoffen, es hat Sie überzeugt, was Sie bisher gelesen und erarbeitet haben. Vielleicht sind Sie aber skeptisch geblieben. Möglicherweise sagen Sie sich: „Es klingt ja alles ganz plausibel, aber wo sind die Tatsachen? Stimmt es wirklich, dass einfache, gegliederte, kurze und anregende Texte besser verstanden und behalten werden? Sind diese vier Merkmale wirklich entscheidend dafür? Oder gibt es noch andere Merkmale? Nützen die Übungen in verständlichem Schreiben tatsächlich etwas? Gibt es nicht andere, noch bessere Ansätze, z. B. die programmierten Lehrtexte? Wirkt sich Kleingruppenarbeit tatsächlich so günstig aus?"

Das sind wichtige, berechtigte Fragen. Wir haben sie uns selbst gestellt – und beantwortet durch wissenschaftliche Forschung. Davon handelt dieser Teil des Buches. Wir haben darin unsere Forschungsarbeiten so dargestellt, dass sie verständlich sind, auch wenn Sie selbst kein Wissenschaftler sind. Viele Einzelheiten, z. B. die genauen Forschungsmethoden, haben wir weggelassen. Dadurch wird der Text übersichtlicher und „leichter verdaulich". Wer die vollständigen Original-Forschungsberichte lesen möchte, findet die Literaturangaben dazu am Ende des Buches.

Alte und neue Wege der Verständlichkeitsforschung

Ältere Ansätze

Wir sind nicht die Ersten, die über Verständlichkeit nachgedacht haben. Als wir mit unserer Arbeit begannen – und noch nichts von den vier „Verständlichmachern“ ahnten – verschafften wir uns zunächst einen Überblick, was andere Autoren über unser Thema veröffentlicht hatten.

Wer sich darüber ebenfalls ausführlich informieren will, dem empfehlen wir die Arbeiten von Groeben (26) und Gagné und Rohwer (25). Hier in diesem Abschnitt stellen wir vier der bekannteren älteren Ansätze vor und sagen, was wir davon halten.

Kurze Wörter, kurze Sätze

Viele Autoren empfehlen, kurze Wörter zu kurzen Sätzen zusammenzufügen. Kurze Wörter, weil diese in aller Regel geläufigere Wörter sind. Und kurze Sätze, damit man die Aufnahmefähigkeit des Lesers nicht überfordert (22, 23, 24, 31).

Unsere Auffassung: Das ist nicht hinreichend.

Begründung

- Lange, ungeläufige Wörter müssen die Verständlichkeit eines Textes nicht unbedingt herabsetzen. Nämlich dann nicht, wenn sie im Text erklärt werden.
- Auch längere Sätze müssen nicht unbedingt schwer verständlich sein. Nämlich dann nicht, wenn sie einfach aufgebaut sind – wie z. B. Aufzählungen.
- Es schien uns eine zu starke Vereinfachung zu sein, nur auf die Wort- und Satzlänge zu achten. Heute würden wir sagen: Dieser Ansatz berücksichtigt höchstens einen Teil des Merkmals Einfachheit und übergeht völlig die Bedeutung von Gliederung/Ordnung, Kürze/Prägnanz und Anregenden Zusätzen.

Vom Allgemeinen zum Besonderen

Eine weitere Empfehlung lautet, die Informationen in einem Text auf eine bestimmte Weise anzuordnen. An den Anfang eines Textes gehört dann ein besonderer *Vorspann*. Darin steht, in welches größere Gebiet die folgenden Informationen einzuordnen sind. Oder der Vorspann knüpft an Vorkenntnisse an. Er erläutert, wie die neuen Informationen mit dem zusammenhängen, was man schon weiß. Im Text selbst soll zuerst das Grundsätzliche, das Wesentliche und Allgemeine stehen. Danach kommen die Einzelheiten, das Besondere, die Feinheiten. – Wir haben diesen Ansatz hier stark vereinfacht dargestellt. Ausführlich informiert das Buch von Ausubel (17)!

Unsere Auffassung: Das ist nicht hinreichend.

Begründung

- Auch dieser Ansatz ist nicht umfassend genug. Verständlichkeit ist mehr als das richtige Anordnen der Informationen. Zum Beispiel wird die Frage der Wortwahl völlig außer Acht gelassen.
- Für Wissenschaftler ist unbefriedigend, dass nicht angegeben wird: Wie soll man beurteilen oder messen, inwieweit ein bestimmter Text den Anforderungen entspricht? Es fehlt also ein Maß für die richtige Anordnung der Informationen.

Besondere Textzusätze

Hiermit sind vor allem Fragen gemeint, z.B. Neugier erweckende Fragen am Anfang oder Verständnis-Wiederholungsfragen „zwischendurch“ oder am Ende eines Textes (18, 28). Daneben werden auch Zwischenzusammenfassungen empfohlen (19).

Unsere Auffassung: Nicht hinreichend.

Begründung

Auch für diesen Ansatz gilt wie für die beiden vorigen, dass er nur einen Teil des Problems angeht.

Reiners' Stilfibel

Dieses Buch (27) enthält eine Fülle von Empfehlungen, insgesamt 60 an der Zahl. Sie beruhen nicht auf einer wissenschaftlichen Theorie oder auf Forschungsarbeiten, sondern entspringen dem Sprachgefühl des Verfassers. Einige Beispiele:

„Bei langen oder schwierigen Texten tut man gut, Wegtafeln zu setzen, d.h. die Gliederung im Text zu kennzeichnen. …" – „Prüfen Sie, ob Sie Ihren Gegenstand nicht von der menschlichen Seite her packen können. Lassen Sie Menschen auftreten! …" – „Bilden Sie keine Wortketten, d.h. reihen Sie nicht mehrere Hauptwörter durch Genitive oder Verhältniswörter aneinander, sondern stellen Sie selbständige Verben nebeneinander." – „Schreiben Sie knapp! … Prüfen Sie immer, wie läßt sich der Gedanke kurz fassen? …"

Unsere Auffassung: anregend und ideenreich, aber nicht hinreichend.

Begründung

- Zwar berücksichtigt dieser Ansatz – anders als die übrigen – alle Seiten des Problems. Er tut dies aber in unnötig detaillierter Weise. Zu viele Einzelheiten machen ihn unübersichtlich und unhandlich. Wer sich danach richten will, ist überfordert.
- Für wissenschaftliche Zwecke fehlt es an Möglichkeiten, Messungen oder Beurteilungen durchzuführen.

Zusammenfassung

Was wir in der Literatur fanden, enthielt Wichtiges und Gutes und trug etwas zur Lösung unseres Problems bei. Aber keiner der bisherigen Ansätze war umfassend genug, leicht lehrbar und gleichzeitig für eine wissenschaftliche Überprüfung geeignet. Das befriedigte uns nicht. Wir suchten nach neuen, eigenen Wegen.

Neue Wege der Verständlichkeitsforschung

Die eben beschriebenen Ansätze haben mit unserer Konzeption, wie Sie sie im ersten Teil kennen gelernt haben, wenig gemeinsam. Was ist an unserem Ansatz neu? Darauf gehen wir jetzt kurz ein, bevor wir dann in den nächsten Abschnitten die Ergebnisse unserer Forschungsarbeiten vorlegen.

Erste Neuerung: Schätzen statt Zählen

Für Wissenschaftler ist die Frage wichtig: Wie lässt sich Verständlichkeit messen? Von den älteren Ansätzen hatte nur der erste („kurze Wörter, kurze Sätze") eine Antwort darauf parat: Die Länge der Wörter wurde durch das Zählen ihrer Silben ermittelt, die Länge der Sätze durch das

Zählen der Wörter. Aus diesen Zahlen berechnete man dann jeweils einen Mittelwert, so dass man die durchschnittliche Wort- und Satzlänge eines Textes erhielt. Je niedriger diese Werte, desto verständlicher sollte der Text sein. Tatsächlich gilt dies aber keineswegs für jeden Text.

Wir glauben nicht, dass das Zählen irgendwelcher Eigenschaften von Wörtern oder Sätzen eine günstige Methode ist. Wir plädieren für die Schätzmethode, für das Beurteilen von Eindrücken – so wie Sie es selbst schon im Übungsteil gemacht haben.

Ein Abstecher in den Sport soll Ihnen unsere Gründe verdeutlichen: Es gibt Sportarten, in denen die Leistung der Sportler durch Zählen ermittelt wird – z.B. durch das Zählen von Metern im Weitsprung oder durch das Zählen von Sekunden bei den Sprintern oder durch das Zählen von Fehlern beim Tennis. Das sind Sportarten, bei denen es immer nur auf eine Sache ankommt: entweder auf die Weite oder die Höhe oder die Schnelligkeit. Alles andere – etwa die Schönheit eines Tennisschlages oder der Laufstil des Sprinters – wird bei der Bewertung nicht berücksichtigt.

In anderen Sportarten ist es anders. Zum Beispiel beim Turnen, Tanzen oder Eiskunstlauf. Hier gibt es „Noten“ nach dem Eindruck, den die Übung auf Beurteiler („Kampfrichter“) gemacht hat. Was sollte man auch zählen, wenn es um korrekte Körperhaltung oder Anmut und Flüssigkeit der Bewegung geht? Es ist offensichtlich kaum möglich, dieses mit irgendeiner Art von präziser Messung zu erfassen.

Zurück zur Verständlichkeitsmessung. Wir denken, Verständlichkeit ist – ebenso wie Turnier-Tanzen, Turnen, Eiskunstlaufen – etwas sehr Komplexes, d.h. viele einzelne Gesichtspunkte spielen eine Rolle und müssen in der richtigen Weise zusammenwirken. Ob und in welchem Ausmaß sie dies in einem konkreten Fall tatsächlich tun – das festzustellen gelingt immer noch am besten dem Gehirn eines geschulten Beobachters. Deswegen gibt es in der Verständlichkeitsforschung nichts Besseres als die Erhebung von Schätzurteilen.

Vielleicht wenden Sie hier ein: „Ist dieses Verfahren nicht zu subjektiv?“ Sie hätten recht, wenn wir uns auf das Urteil eines einzigen Beurteilers verließen. Das haben wir aber nicht getan. Wenn wir Texte zu Forschungszwecken beurteilten, so waren daran immer mehrere Beurteiler beteiligt (genau wie im Sport). Aus ihren Urteilen bildeten wir den Mittelwert. Ferner: Die Beurteiler wurden vorher für ihre Aufgabe besonders ausgebildet, und ihre Urteilsfähigkeit wurde durch besondere Verfahren überprüft. Man darf annehmen, dass dadurch eventuelle Beurteilungsfehler nur klein sind und dass einzelne Fehler sich ausgleichen – ein Beurteiler schätzt zu hoch, ein anderer zu niedrig.

Wenn Sie mehr über diese „Eindrucksmessung“ wissen wollen: Zwei von uns haben darüber ein eigenes Buch geschrieben (38).

Zweite Neuerung: Umfassend und doch übersichtlich

Die älteren Ansätze litten u.a. daran, dass sie Verständlichkeit nur ausschnittsweise betrachteten. Oder – Reiners' Stilfibel – wegen der Fülle der Empfehlungen zu unübersichtlich waren. Wir hatten dazu folgenden Gedanken: In einem ersten Schritt ließen wir bei verschiedenen Texten eine Vielzahl von Eigenschaften, die für die Verständlichkeit eines Textes unserer Meinung nach wichtig waren, von mehreren Beurteilern einschätzen, z.B. interessant – langweilig, einfach – kompliziert, weitschweifig – aufs Wesentliche beschränkt. In einem zweiten Schritt überprüften wir, ob wir nicht bestimmte Eigenschaften, die sich irgendwie ähnelten und oft gemeinsam in einem Text auftraten, zusammenfassen konnten. Auf diese Art sind die vier Merkmale der Verständlichkeit entstanden, die Sie ja schon kennen. Aus vielen Eigenschaften wurden wenige Merkmale. Dabei gingen natürlich einige Feinheiten verloren, aber das Wesentliche blieb auf übersichtliche Art erhalten.

Entdeckung der vier Verständlichkeitsmerkmale

Wir berichten jetzt über zwei unserer ersten Forschungsuntersuchungen (3, 15). Sie ersehen daraus, wie es zu den vier Merkmalen kam. Die erste Untersuchung stellen wir ausführlicher dar als die zweite, weil diese der ersten im Aufbau gleicht.

Was wollten wir erforschen?

Lässt sich eine Vielzahl verständnisfördernder Eigenschaften bei Sachtexten durch unabhängige Beurteiler einigermaßen übereinstimmend einschätzen? Lassen sich diese Eigenschaften zu wenigen übergeordneten Merkmalen zusammenfassen? Und haben diese Merkmale tatsächlich etwas damit zu tun, wie die Informationen verstanden und behalten werden? Das waren die drei Hauptfragen, die wir mit unseren ersten Untersuchungen erforschen wollten.

Wie sind wir vorgegangen?

Als Erstes ließen wir mehrere Sachtexte anfertigen – mit demselben Inhalt, aber verschieden formuliert. Diese Texte gaben wir Beurteilern zum Lesen. Sie schätzten ein, wie stark jedem Text bestimmte Eigenschaften zukamen, z.B. anschaulich, übersichtlich – unübersichtlich. Durch ein bestimmtes Rechenverfahren (sog. Faktorenanalyse) ermittelten wir die Eigenschaften, die in den Texten in etwa gleicher Stärke gemeinsam auftraten. Diese Eigenschaften fassten wir zu übergeordneten Merkmalen zusammen. – Nun lasen andere Personen die Texte. Sie sollten versuchen, das Gelesene zu verstehen und sich den Inhalt einzuprägen. Wieweit ihnen das gelang, prüften wir mit Fragen zum Text, die sie schriftlich beantworten mussten. Jetzt war es möglich, zu untersuchen, ob günstige Ausprägungen in den Merkmalen der Verständlichkeit tatsächlich zu mehr richtigen Antworten auf die Verständnis- und Behaltensfragen führten. – So weit der Grundplan unserer Untersuchung. Es folgen die wichtigsten Einzelheiten.

Die Texte wurden von mehreren Lehrern und Psychologen angefertigt. Dabei schrieb jeder „seine“ Version, ohne die der anderen zu kennen. Auf diese Art erhofften wir, Texte zu erhalten, die sich deutlich voneinander unterschieden.

Ein Teil der Autoren erstellte Texte zum Thema: „Wie fülle ich eine Zahlkarte aus?“ (Die Zahlkarte war ein damals sehr gebräuchliches Formular der Deutschen Bundespost, um Geld auf ein Postscheckkonto einzuzahlen.) Die Autoren erhielten eine leere Zahlkarte und eine ausgedachte Rechnung. Die Leser – gedacht war an 11- und 12-jährige Schüler – sollten in die Lage versetzt werden, den Rechnungsbetrag mit Hilfe der Zahlkarte korrekt zu überweisen.

Die anderen Autoren erarbeiteten Texte, in denen verschiedene Verbrechen erklärt wurden, wiederum für 11- und 12-jährige Schüler. Diese Autoren erhielten dazu den Originaltext aus dem Strafgesetzbuch.

Insgesamt entstanden so 27 verschiedene Texte, 12 zum Thema Zahlkarte und 15 zum Thema Verbrechen. Einige davon kennen Sie bereits aus Teil II (S. 95ff).

Einschätzung durch Beurteiler

Jeder Text wurde nun von ca. 10 Lesern beurteilt, inwieweit ihm bestimmte Eigenschaften zukamen, nämlich:

interessant – langweilig
zu kurz – zu lang
leicht verständlich – schwer verständlich
folgerichtig – zusammenhanglos
für Schüler wenig ungeläufige Wörter – für Schüler viele ungeläufige Wörter
anregend – einschläfernd
stark gegliedert – wenig gegliedert
einfache Sätze – überladene Sätze
konkret – abstrakt
übersichtlich – unübersichtlich
flüssig – holprig
anschaulich – unanschaulich
einfach – kompliziert
einprägsam – schwer zu behalten
aufs Wesentliche beschränkt – weitschweifig
kindgemäß – nicht kindgemäß
gute Unterscheidung von Wesentlichem und Unwesentlichem – fehlende Unterscheidung von Wesentlichem und Unwesentlichem
abwechslungsreich – eintönig

Für jedes dieser 18 Eigenschaftspaare vergaben die 10 Beurteiler bei jedem Text eine „Note". Sie hatten dabei die Wahl zwischen 7 verschiedenen Noten, je nachdem wie ausgeprägt die Eigenschaft (oder ihr Gegenteil) vorhanden war. Aus den jeweils 10 Noten errechneten wir dann die Durchschnittsnote. So erhielten wir für jeden Text 18 Werte, die etwas über seine Verständlichkeit aussagten.

Als erstes wichtiges Ergebnis stellten wir fest: Die Beurteiler waren sich bei ihrer Notengebung ziemlich einig. Die Texte wirkten also nicht auf jeden Leser völlig anders, sondern sie riefen ähnliche Eindrücke hervor.

Zusammenfassung zu übergeordneten Merkmalen

Die Beurteilungen ergaben, dass einige der 18 Eigenschaften häufig gemeinsam auftraten. Texte, die z.B. als „gegliedert" beurteilt wurden, waren meist auch „übersichtlich" und umgekehrt. Mit Hilfe eines besonderen Rechenverfahrens (der sog. Faktorenanalyse) ergaben sich vier Gruppen ähnlicher Eigenschaften – sie entsprachen im Wesentlichen unseren vier Merkmalen der Verständlichkeit, die Sie bereits kennen gelernt haben. – Des Weiteren rechneten wir die Beurteiler-„Noten" für die 18 Eigenschaften mit einem besonderen Rechenverfahren in vier Merkmalswerte um.

Der Vorteil dieses ganzen Verfahrens liegt auf der Hand: Es war nun nicht mehr nötig, die Verständlichkeit eines Textes mit 18 Werten zu kennzeichnen, dazu genügten vier Werte. In ihnen waren die 18 Ausgangswerte sozusagen enthalten. Sie drückten alles Wesentliche aus.

Prüfung von Verstehen und Behalten

Unsere „Autoren" hatten die Anweisung erhalten, ihre Texte so zu verfassen, dass 11- und 12-jährige Schüler sie leicht verstehen können. War ihnen das gelungen? Wir baten über 900 Schüler und Schülerinnen, von unseren 27 Texten je einen zum Thema „Zahlkarte" und einen zum Thema „Verbrechen" zu lesen. Die Leserschaft jedes Textes bestand dabei aus einer ausgewogenen „Mischung" guter und weniger guter Schüler. Nach dem Lesen hatte jeder Schüler zu den beiden Texten schriftlich einige Fragen zu beantworten. Aus ihnen ging hervor, was er von dem Text verstanden und behalten hatte. Für richtige Antworten gab es Punkte. Für jeden Text errechneten wir, wie viel Punkte seine

Leser im Durchschnitt erreichten, d.h. dieser Wert gab an, was beim Durchschnittsleser an Information „richtig angekommen“ war.

Was ist herausgekommen?

Die entscheidenden Fragen waren nun: Verstehen und behalten alle Schüler die Texte etwa gleich gut, oder kommen sie mit einigen Texten besser zurecht als mit anderen? Mit welchen? Hängt es mit den vier Merkmalen zusammen?

Verschiedene Texte wurden verschieden gut verstanden. Die Schüler verstanden und behielten die verschiedenen Texte unterschiedlich gut.

Die vier Merkmale waren entscheidend für das Verständnis. Dies ist das wichtigste Ergebnis unserer Untersuchung: Texte, die Schüler gut verstanden und behielten, unterschieden sich in den vier Merkmalen wesentlich von Texten, die schlecht verstanden wurden. Im Einzelnen zeigte sich:

- Gut verständliche Texte hatten hohe Werte in Einfachheit, Gliederung/Ordnung und Kürze/Prägnanz. Anregende Zusätze spielten keine besondere Rolle. Sie wirkten sich nur verständnisfördernd aus, wenn der Text gleichzeitig gut gegliedert war.
- Schlecht verständliche Texte hatten Mängel in Einfachheit. Diese konnten auch durch gute Gliederung/Ordnung oder Kürze/Prägnanz nicht ausgeglichen werden. Anregende Zusätze behinderten die Verständlichkeit auch bei großer Einfachheit, wenn der Text schlecht gegliedert und zu weitschweifig war.

Überprüfung der Ergebnisse bei anderen Themen

Die ersten Ergebnisse hatten unsere Vermutungen bestätigt: Obwohl es um dieselbe Sache ging, drückte sich doch jeder Lehrer oder Psychologe anders aus. Es entstanden ganz unterschiedlich gestaltete Texte. Einige wurden von den Lesern (Schülern) besser verstanden als andere – je nachdem, ob die vier Merkmale in günstigen Ausprägungen vorhanden waren oder nicht. Würden sich diese Ergebnisse auch bei anderen Themen zeigen? Das spräche für eine gewisse Allgemeingültigkeit unserer Verständlichkeitstheorie.

Wir führten also eine weitere Untersuchung durch – ähnlich aufgebaut, aber mit zwei anderen Themen. Diesmal ging es um Mathematik: „Multiplizieren mit dem Rechenschieber“ und „Winkelhalbierung“ (15).

Die Texte wurden von 33 Mathematiklehrern hergestellt sowie von vier Psychologen, die besonders darin geübt waren, verständliche Texte zu verfassen. Leser waren Schüler der Hauptschule, 6. und 7. Schuljahr. Insgesamt entstanden 34 Texte zum Thema Rechenschieber und 32 zum Thema Winkelhalbierung.

Einschätzung durch Beurteiler: 5–6 Beurteiler gaben ihre Eindrücke von jedem Text an. Sie bedienten sich dabei derselben Eigenschaftsliste wie in der vorigen Untersuchung. Die Urteile stimmten recht gut überein.

Zusammenfassung zu übergeordneten Merkmalen: Mit der Faktorenanalyse ermittelten wir, welche Eigenschaften zusammengehörten. Für beide Themen ergaben sich dabei wieder dieselben übergeordneten Merkmale wie in der vorigen Untersuchung.

Prüfung von Verstehen und Behalten: Alle Texte wurden nun verschiedenen Gruppen von Schülern des 6. und 7. Schuljahres – insgesamt 351 Schülern aus Hamburger Hauptschulklassen – vorgelegt. Sie lasen den Lehrtext 10 Minuten lang. Danach hatten sie 20 Minuten Zeit, um die Beispielaufgabe zu lösen, die ihnen im Text erklärt worden war. Anschließend prüften wir das Verständnis und Behalten. Beim Thema Rechenschieber mussten die Schüler z.B. zwei Multiplikationen mit einem Rechenschieber durchführen. Bei der Winkelhalbierung hatten die Schüler u.a. zwei verschiedene Winkel zu halbieren. Für jede richtige Lösung dieser und weiterer Aufgaben erhielten die Schüler einen Punkt. Die durchschnittliche Testleistung der Leser eines bestimmten Textes gab an, wie verständlich der betreffende Text für den Durchschnittsschüler war.

Ergebnisse: Für beide Themen erhielten wir ähnliche Ergebnisse.

- Je höher die Werte für das Merkmal Einfachheit, desto besser das Verstehen und Behalten bei den Schülern.
- Texte mit mittlerer Kürze/Prägnanz fördern das Verstehen besser als zu lange oder zu kurze Texte.
- Gliederung/Ordnung und Anregende Zusätze hingen mit den Schülerleistungen *nicht* zusammen. Dies lag jedoch daran, dass

sich unsere Texte in diesen Merkmalen kaum voneinander unterschieden. Alle waren recht gut geordnet und enthielten nur wenige Anregende Zusätze.

Was haben die ersten Untersuchungen gebracht?

- Unsere Methode – die Beurteilung aufgrund von Eindrücken – hatte sich bewährt.
- Die Vielzahl der Texteigenschaften, von denen wir ausgingen, ließ sich zu der geringen Anzahl von vier umfassenden Merkmalen übersichtlich zusammenfassen.
- Einfache, gegliederte und kurz-prägnante (aber nicht zu kurze) Texte sind im Allgemeinen am verständlichsten. Anregende Zusätze sind nur bei gleichzeitiger hoher Einfachheit und Gliederung/Ordnung von Vorteil.
- Texte, denen es an Einfachheit mangelt, sind immer schwer verständlich. Gleich, wie es bei den übrigen Merkmalen aussieht.

Unsere Verständlichkeitstheorie hatte damit ihre erste Bewährungsprobe bestanden. Aber es waren noch viele Fragen offen. Davon handeln die nächsten Abschnitte.

Anwendung der vier „Verständlichmacher"

Wir berichten nun über drei weitere Forschungsuntersuchungen (12, 8, 10). Alle drei sind ähnlich aufgebaut.

Was wollten wir erforschen?

Im Brennpunkt unseres Interesses stand in diesem Abschnitt die Frage: Ist es möglich, veröffentlichte Texte unterschiedlichster Inhalte verständlicher zu machen? Also die Texte so umzuformulieren, dass sie in den vier Merkmalen günstigere Beurteilungen erhalten und von den Lesern besser verstanden werden als die Originaltexte? Daneben untersuchten wir folgende Fragen:

- Die vier Verständlichmacher hatten sich bisher bei Schülern als wirksam erwiesen. Gelten sie auch für *Erwachsene*?
- Beeinflussen die vier Merkmale – neben Verstehen und Behalten – auch die *Gefühle* der Leser, ihre Zufriedenheit und ihre Lust am Lesen?
- Lernen *alle* Leser mehr aus verständlicheren Texten? Oder profitieren einige mehr davon als andere? Denkbar wäre ja: Personen mit längerer Schulbildung oder mit größeren geistigen Fähigkeiten sind imstande, auch schwer verständliche Texte gut zu verstehen, und nur für weniger „Gebildete" müsste man verständlicher schreiben.

Wie sind wir vorgegangen?

Wir sind bei unseren Untersuchungen – von kleinen Abweichungen abgesehen – nach folgendem Plan vorgegangen:

- Auswahl von Originaltexten, die in der Öffentlichkeit eine gewisse Verbreitung haben.
- Umformulierung der Originaltexte durch Verständlichkeitsexperten, so dass Texte mit günstigeren Ausprägungen in den vier Merkmalen entstanden.
- Prüfung, wie die unterschiedlichen Textfassungen auf den Leser wirken. Dazu halbierten wir unsere Gruppe von Lesern. Wer in

welche Hälfte kam, das entschied allein der Zufall. Die eine Hälfte las den Originaltext, die andere den verbesserten Text. Dann prüften wir, wie viel jede Hälfte verstanden hatte und wie zufrieden sie beim Lesen war. Außerdem testeten wir die Intelligenz der Leser und überprüften, ob intelligentere Leser mehr von der Textverbesserung profitierten als weniger intelligente.

Nach dem Grundplan nun die Einzelheiten.

- *Die Originaltexte:* Wir wollten wirklich wichtige Texte aus den verschiedensten Bereichen untersuchen: Texte aus dem öffentlichen Leben, Schulbücher, wissenschaftliche Artikel.
- Mit *Texten aus dem öffentlichen Leben* meinen wir Informationsschriften und Verträge. Aus ihnen soll „jedermann" ersehen, welche Rechte und Pflichten er hat und was geschieht, wenn er seinen Verpflichtungen nicht nachkommt. Wer solche Texte nicht versteht, handelt sich möglicherweise sehr schwerwiegende Nachteile ein („Unwissenheit schützt vor Strafe nicht").

Die ausgewählten sechs Texte wenden sich an weite Kreise der Bevölkerung, nicht an Gruppen mit besonderer Schulbildung oder besonderen Vorkenntnissen. Es handelt sich um folgende sechs Texte:

- *„Hausratversicherung":* § 17 (1) und (2) aus den Versicherungsbedingungen der „Berlinischen Feuer-Versicherungsanstalt": Allgemeine Bedingungen für die Neuwertversicherung des Hausrats gegen Feuer-, Einbruchdiebstahl-, Beraubungs-, Leitungswasser-, Sturm- und Glasschäden (VHB).
- *„Sparprämie":* Aus dem Amtlichen Erläuterungsblatt für den Antrag auf Gewährung einer Sparprämie, 1970.
- *„Beratungsblatt für Lohnsteuerzahler":* Aus dem Amtlichen Beratungsblatt für Lohnsteuerzahler (Hamburg 1971), Abschnitt: „Stimmen Familienstand, Kinderzahl und Steuerklasse?", herausgegeben von der Finanzbehörde Hamburg.
- *„Gesetzliche Unfallversicherung":* Aus einem Mitteilungsblatt zur gesetzlichen Unfallversicherung für Kinder im Kindergarten, Schüler und Studenten vom 1. Mai 1971.
- *„Anstellungsvertrag":* Anstellungsvertrag für kaufmännische Angestellte, Wettbewerbsverbot, Absatz ..., § 6 RNK, Verlags-Nr. 501.
- *„Kaufvertrag":* Aus einem Kaufvertrag für gebrauchte Kraftfahrzeuge, VII. Formblatt Nr. 319.054.00, Printed in Germany 7/68 („Übernahmebedingungen beim Kauf eines gebrauchten Kfz").

Diese Texte sowie die verbesserten Fassungen haben wir in Teil II abgedruckt (s. S. 95ff).

Bei der Auswahl von *Schulbuchtexten* haben uns folgende Gedanken geleitet: Schulbücher sind wichtige Hilfsmittel im Unterricht. Aber viele Schüler können ihre Lehrtexte gar nicht richtig verstehen. Das ist entmutigend für sie. Besonders gilt dies für sprachlich wenig befähigte Schüler. Sie haben hier häufig Misserfolge, und nicht wenige von ihnen hören schließlich ganz auf, in ihren Schulbüchern zu lesen. Aber auch bessere Schüler, ja selbst gut ausgebildete Erwachsene, begreifen nicht alles, was in Schulbüchern geschrieben steht. Wir wählten vier Abschnitte aus Standard-Schulbüchern aus, die zum Zeitpunkt der Untersuchung an Gymnasien benutzt wurden:

- Erdkunde: „Klima im ozeanischen Europa“, aus: Seydlitz, Band 4, Deutschland in Europa, S. 3, Verlag Ferdinand Hirt u. Hermann Schroedel, Hannover.
- Erdkunde: „Ursache und Wirkung im geographischen Geschehen“, aus: Seydlitz, Band 4, Deutschland in Europa, S. 13, Verlag Ferdinand Hirt u. Hermann Schroedel, Hannover.
- Physik: „Was ist Physik?“, aus: Dorn, Physik-Mittelstufe, Verlag Schroedel, Hannover.
- Biologie: „Die Muskeln und die Körperbewegungen“, aus: Schmeil, Lehrbuch der Biologie, Mittelstufe, S. 6, Quelle & Meyer, Heidelberg.

Den ersten dieser Texte sowie die verbesserte Fassung haben wir im Teil II abgedruckt (s. S. 95ff).

Für unsere Untersuchung *wissenschaftlicher* Texte wählten wir in sich geschlossene Teilstücke psychologischer wissenschaftlicher Veröffentlichungen aus: die Zusammenfassungen. Mit Zusammenfassungen von ca. 120 Worten beginnt oder endet in der Regel jeder Artikel in einer Fachzeitschrift. Sie sagen dem Leser kurz das Wesentliche über das untersuchte Problem, die Vorgehensweise, die Ergebnisse und Schlussfolgerungen.

Sie helfen dem Leser, sich zu orientieren und zu entscheiden, ob er den ganzen Artikel lesen will. Gerade bei diesen Zusammenfassungen ist daher ein Höchstmaß an Verständlichkeit zu fordern. Wir entnahmen die Zusammenfassungen der Zeitschrift für experimentelle und angewandte Psychologie sowie der Zeitschrift für Entwicklungspsychologie und Pädagogische Psychologie. Insgesamt wählten wir 10 Zusammenfassungen aus (welche, können Sie bei (10) nachlesen).

Alles in allem untersuchten wir also 20 Texte: 6 aus dem öffentlichen Leben, 4 aus Schulbüchern und 10 aus psychologischen Fachzeitschriften.

Verbesserung der Originaltexte

Psychologen erhielten den Auftrag, diese Texte neu zu gestalten mit dem Ziel: günstigere Ausprägungen in den vier Verständlichkeits-Merkmalen. Ist dies in jedem Fall gelungen? Oder haben die Psychologen es auch nicht besser gekonnt? Oder war ein Originaltext schon so gut, dass sich gar nichts mehr verbessern ließ?

Wir baten ausgebildete Beurteiler, die Original- und die verbesserten Texte einzuschätzen. Ein wichtiger Unterschied zu früheren Untersuchungen: Die Beurteiler benutzten bei ihrer Arbeit nicht mehr die langen Listen von einzelnen Texteigenschaften, sondern nur noch die vier Merkmale der Verständlichkeit. Ausgehend von den Ergebnissen der Faktorenanalysen der vorigen Untersuchungen hatten wir diese Merkmale noch etwas ausgestaltet und genauer beschrieben, bis sie die Form annahmen, die Sie im ersten Teil des Buches kennen gelernt haben. Die Beurteiler hatten übrigens – zur Vorbereitung auf ihre Aufgabe – genau dieselben Beurteilungsübungen gemacht wie Sie auch.

Die Beurteiler wussten nicht, welcher Text original und welcher verbessert war. Sie gaben ihre Urteile völlig unabhängig voneinander ab. Wie sich herausstellte, stimmten die Beurteilungen weitgehend überein.

Es ergab sich: Jeder verbesserte Text war dem zugehörigen Original überlegen, und zwar in mindestens einem Merkmal um wenigstens eine Stufe der Beurteilungsskala. Viele Texte waren den Originaltexten auch in zwei Merkmalen überlegen, oft auch um mehr als eine Stufe. Die größten Mängel hatten die Originale bei den Merkmalen Einfachheit und Gliederung/Ordnung.

Prüfung von Verstehen und Behalten

Wir legten die Texte vielen Lesern vor. Die Texte aus dem öffentlichen Leben lasen über 400 berufstätige Männer und Frauen, 17–50 Jahre alt, mit Volksschulbildung, Mittlerer Reife und Abitur. Die Schulbuchtexte lasen über 500 Schüler aus Volksschule, Realschule und Gymnasium, 7. und 8. Schuljahr. Die wissenschaftlichen Texte schließlich lasen über 80 männliche und weibliche Psychologie-Studenten verschiedener Semester.

Jede Gruppe von Lesern halbierten wir nach dem Zufall. Der einen Hälfte gaben wir das Original, der anderen die verbesserte Fassung zu lesen. Natürlich wussten die Leser nichts davon, welche Fassung sie lasen und dass es überhaupt verschiedene Fassungen gab.

Dann prüften wir, wie viel jede Hälfte von dem Gelesenen verstanden und behalten hatte. Die Leser mussten schriftliche Fragen zum Text beantworten und Anwendungsaufgaben lösen, zum Teil auch frei wiedergeben, was sie behalten hatten.

Die Befragung über „Gefühle beim Lesen"

Bei den Texten aus dem öffentlichen Leben und bei den Schulbuchtexten fragten wir die Leser auch nach ihren Gefühlen, die sie beim Lesen gehabt hatten, z.B. Zufriedenheit mit dem Text, Lesen hat Spaß gemacht, Erfolgsgefühl, Interesse am Thema.

Erfassung von Schulbildung, Intelligenz, Ausbildungsstand

Bei den berufstätigen Erwachsenen erfragten wir die Schulbildung (Volksschule, Realschule, Gymnasium), mit den Schülern führten wir einen Intelligenztest durch und bei den Studenten erfassten wir, ob es sich um jüngere Semester handelte oder um fortgeschrittene Studenten, die bereits das Vorexamen abgelegt hatten.

Was ist herausgekommen?

Verbesserte Texte wurden besser verstanden als die Originale: Die Leser der verbesserten Texte verstanden und behielten durchschnittlich ca. 50% mehr wichtige Informationen als die Leser der Originaltexte! Bei einem Text waren es sogar 142% mehr Informationen. In keinem Fall wurde ein Originaltext besser verstanden als ein verbesserter Text.

Je mehr sich der verbesserte Text vom Original unterschied, desto größer waren auch die Unterschiede im Verständnis: Wenn der Originaltext schon relativ günstig gestaltet war, ließen sich durch eine Verbesserung kaum noch größere Verständnisleistungen erzielen. Je ungünstiger jedoch das Original abgefasst war und je größer daher die Unterschiede zwischen den beiden Textfassungen waren, desto größer war auch der Gewinn an Verstehen und Behalten bei den Lesern der verbesserten

Fassung. Dabei schien es besonders auf die Merkmale Einfachheit und Gliederung/Ordnung anzukommen.

Verbesserte Texte lösten mehr positive Gefühle aus: Viele der verbesserten Fassungen kamen auch gefühlsmäßig beim Leser besser an als die Originale. Die Unterschiede – obwohl teilweise beträchtlich – waren allerdings insgesamt nicht so beeindruckend wie beim Verstehen und Behalten, und sie traten auch nicht bei jedem Text auf.

Alle Intelligenz- und Bildungsgruppen profitieren gleichermaßen von der Verständlichkeits-Verbesserung: In den meisten Fällen ergab sich:

- Intelligentere Leser und Leser mit mehr Schulbildung erbrachten durchschnittlich bessere Leistungen. Dies gilt sowohl für die Originale als auch für die verbesserten Fassungen.
- Diese Leistungsunterschiede waren bei den verbesserten Fassungen genauso groß wie bei den Originalen. Das bedeutet: alle Intelligenz- und Bildungsgruppen profitierten von Verständlichkeits-Verbesserungen in etwa gleichem Ausmaß. Auch für intelligente und sog. gebildete Leser sind die Original-Texte also nicht verständlich genug.
- Bei verbesserten Texten erreichten die weniger intelligenten Leser oder Leser mit weniger Schulbildung genauso viel und zum Teil erheblich mehr Verständnispunkte als die „gebildeten“ Leser bei den Original-Texten.

Welche Haupterkenntnisse haben wir gewonnen?

- Texte, die im öffentlichen Leben, in Schulen und in der Wissenschaft weit verbreitet sind, weisen schwere Mängel auf: Die Leser, für die diese Texte bestimmt sind, können vieles nicht richtig verstehen, und sie empfinden das Lesen als nicht angenehm. Selbst Leser mit höherer Intelligenz und guter Schulbildung haben zum Teil beträchtliche Schwierigkeiten.
- Die Texte sind nicht deswegen so schwer zu verstehen, weil ihre Inhalte zu schwierig sind, sondern weil sie ungünstig gestaltet sind. Besonders mangelt es ihnen an Einfachheit und Gliederung/Ordnung. Verständlichkeits-Experten sind in der Lage, jeden schlecht verständlichen Text – ohne Veränderung seines Inhaltes – so umzuformulieren, dass er wesentlich verständlicher wird. Durchschnittlich nehmen die Leser von verbesserten Fassungen 50% mehr an wichtigen Informationen auf.

- Verständliche Texte zu lesen, ist in der Regel angenehmer und macht mehr Spaß. Allerdings ist dieser „Lustgewinn“ durch verständlichere Texte nicht so groß wie der Verständnisgewinn, und er zeigt sich auch nicht bei jedem Text. Wir vermuten, dass größere Verständlichkeit sich vor allem bei längeren Texten positiv auf die gefühlsmäßigen Vorgänge beim Leser auswirken. Das ist wichtig. Denn wer gern liest, wird vieles lesen und sich umfassend informieren.
- Die vier „Verständlichmacher“ sind allgemein gültig – vermutlich für alle Arten von Sachtexten und Lesergruppen. Sie gelten gleichermaßen für Verträge und für „hochwissenschaftliche Texte“, für junge Schüler und berufstätige Erwachsene, für Intelligente und weniger Intelligente, für Personen mit Volksschulbildung und mit Abitur, für Studienanfänger wie für ältere Semester mit bestandener Zwischenprüfung.

Ein Experiment, das der Wirklichkeit nahe kommt

Was wollten wir erforschen?

Die bisherigen Untersuchungen hatten wir immer folgendermaßen angelegt: Leser lasen einen Text und bemühten sich, möglichst alles zu verstehen und zu behalten. Gleich danach wurden sie geprüft. In der Wirklichkeit – außerhalb des Forschungszimmers – spielt es sich aber etwas anders ab. Begleiten wir einmal jemanden durch den Tag:

Morgens hört er Rundfunknachrichten. Beim Frühstück liest er die Zeitung. Tagsüber hat er es mit Betriebsanleitungen, technischen Erklärungen oder mit Vertragsvereinbarungen zu tun. Abends ist der neue Kühlschrank gekommen. Gemeinsam mit seiner Frau liest er die Bedienungsanleitung. Nach dem Abendessen, noch vor dem Fernsehen, gerät er in eine Diskussion mit seinen Kindern über die Einflüsse von Erbgut und Umwelt auf das menschliche Verhalten und überfliegt hierzu einen Absatz aus dem Psychologie-Lexikon, das seine Kinder ihm vorlegen. Und nachdem die Jüngste die Frage gestellt hat: „Warum fallen die Weltraumsatelliten eigentlich nicht herunter?" hat er zunächst etwas von „Fliehkraft" und „Schwerelosigkeit" gemurmelt, dann aber beschlossen, sich genauer zu informieren.

Wir wollen mit diesem Beispiel ausdrücken: Viele Menschen sind an jedem Tag einem Strom der verschiedensten Informationen ausgesetzt. Wir vermuten: Wenn man viele verschiedene Informationstexte hintereinander liest, so nimmt man die leichter verständlichen besser auf und behält sie länger als die schwer verständlichen. Das leicht Verständliche drängt das schwer Verständliche in den Hintergrund. Ob wir richtig vermuteten, prüften wir mit der folgenden Untersuchung (9).

Wie sind wir vorgegangen?

Die Leser erhielten nacheinander acht Texte. Was sie davon verstanden und behalten hatten, prüften wir nicht zwischendurch, nach dem Lesen jedes Textes, sondern erst am Schluss. Jeder Text informierte über ein anderes Gebiet, etwa so, wie in dem oben geschilderten Tagesablauf. Die Themen waren:

1. „*Tachometeranzeige*" – § 57 Straßenverkehrszulassungsordnung (StVZO). – In diesem Gesetzesparagraph wird geregelt, um wie viel die Tachometeranzeige in einem Auto von der tatsächlich gefahrenen Geschwindigkeit abweichen darf. – Sie finden den Text auf S. 33ff.
2. „*Travestie*" aus G. v. Wilpert: Sachwörterbuch der Literatur, Stuttgart, 1964. – In diesem Text wird ein Begriff aus der Literaturwissenschaft erklärt.
3. „*Abtauen einer Frosterbox*" aus einer Betriebsanleitung für Kühlschränke, herausgegeben von der Firma Bosch. – Es handelt sich um einen Ausschnitt aus einer Gebrauchsanleitung. Dem Leser ist dieser Text bereits bekannt, s. S. 46ff.
4. „*Sprache und Lernen*" aus B. Bernstein: Soziale Struktur, Sozialisation und Sprachverhalten, Aufsätze, 1958, S. 8. – In diesem Text vertritt der Autor die These, dass die unterschiedliche Art zu sprechen in verschiedenen Schichten der Bevölkerung zu gravierenden Nachteilen für bestimmte Gruppen führt. Siehe Demonstrationsbeispiel S. 142ff.
5. „*Grundlagen der Sexualität*" aus: H. Schelsky: Soziologie der Sexualität, 1955 (14. Auflage), S. 11, Zeilen 1–18, unwesentlich gekürzt. – In diesem Text aus einem Taschenbuch geht es um die Frage: Hat die Umwelt einen Einfluss auf die Sexualität des Menschen? Der Text war Grundlage für die Texte S. 53ff.
6. „*Anlage und Umwelt*" aus P. R. Hofstätter: Psychologie-Fischer Lexikon, 1957 (2. Auflage), S. 15, Zeilen 1–31. – Das Problem des Textes Nr. 5 wird hier allgemeiner behandelt: Inwieweit ist menschliches Verhalten angeboren und inwieweit durch Umwelterfahrungen geprägt? Siehe Demonstrationsbeispiel S. 140f.
7. „*Parodie*" aus G. v. Wilpert: Sachwörterbuch der Literatur, Stuttgart 1964. – Wie Text Nr. 2: Definition eines Literatur-Begriffes.
8. Kapitelzusammenfassung aus G. Bartsch: *Kommunismus, Sozialismus und Karl Marx* – Schriftenreihe der Bundeszentrale für Politische Bildung, Bonn 1970, S. 134. – In dieser politischen Schrift geht es dem Autor darum, die Leistungsüberlegenheit des Sozialismus gegenüber dem Kommunismus zu vertreten.

Verbesserte Fassungen

Zu jedem Text erstellten Verständlichkeits-Experten wieder eine verbesserte Fassung. Nach dem übereinstimmenden Eindruck geschulter Beurteiler wiesen die 8 Originaltexte erhebliche Mängel auf, besonders in Einfachheit und Gliederung/Ordnung. Die verbesserten Fassungen waren erheblich verständlicher: 7 Texte waren besser in Einfachheit, 8 in Gliederung/Ordnung, 2 in Kürze/Prägnanz und 4 in Anregenden Zusätzen.

Einige der Texte und die dazugehörigen verbesserten Fassungen kennen Sie bereits aus den Teilen I und II dieses Buches.

Lesen der Texte und Prüftest

Unsere Leser waren 64 Oberschülerinnen in Abschlussklassen. Jede Schülerin las alle 8 Texte. Davon waren immer 4 Originale und 4 verbesserte Fassungen. Eine Hälfte jeder Schulklasse las die Texte 1 bis 4 in der Originalfassung, 5 bis 8 in der verbesserten Version. Die andere Hälfte machte es umgekehrt. Anschließend erhielten alle denselben Prüftest mit vielen Fragen zu allen 8 Themen.

Was ist herausgekommen?

Bei 6 der 8 Texte war die Schülerinnen-Gruppe im Prüftest überlegen, die die *verbesserte* Fassung gelesen hatte. Die Überlegenheit betrug zwischen 34% und 139% mehr Behaltenspunkte im Prüftest. Bei den übrigen zwei Texten gab es keine nennenswerten Unterschiede.

Was bedeuten die Ergebnisse?

Diese Untersuchung, die sich durch eine gewisse Lebensnähe auszeichnet, bestätigt die Ergebnisse der vorigen Forschungsarbeiten und gibt unserer Theorie der Verständlichkeit eine noch breitere Grundlage. Von der Kühlschrank-Gebrauchsanweisung bis zur Wissenschaft, überall gilt: Was der Leser versteht, hängt entscheidend ab von den vier Merkmalen. Was verständlich geschrieben ist, wird besser aufgenommen und nicht so leicht vergessen.

Aktuell wie eh und je

Im neuen Jahrhundert, gut 30 Jahre nach unseren ersten Verständlichkeits-Untersuchungen, wollten wir es noch einmal wissen: Ist das Hamburger Verständlichkeitsmodell auch heute noch aktuell und wirksam? Es könnte ja sein, dass sich die Textlandschaft inzwischen gewandelt hat. Also wiederholten wir mit Hilfe zweier Diplomanden, Ronald Förster* und Marlis Krebs**, die Anwendung der vier „Verständlichmacher" (vergleiche S. 195f). Die aktuellen Texte betrafen Entwürfe zum neuen Mietrecht (2001 vom Bundestag verabschiedet), Informationen zur digitalen Fernsprechtechnik (ISDN) und Aufklärungsinformationen zum Rentengesetz. Wir haben sie (Originaltext und von uns verständlicher gestaltete Fassung) in unsere Textsammlung (s. S. 108–124) aufgenommen.

Wiederum ließen wir jeweils den Originaltext und den entsprechenden von uns verständlicher gestalteten Text in einen „fairen Wettkampf" zueinander treten. Austragungsort waren vier Schulklassen an Gymnasien mit insgesamt 69 Leserinnen und Lesern zwischen 15 und 18 Jahren.

In allen Fällen, bei allen vier Text-Themen und in allen vier Klassen, gingen die verständlicher gestalteten Texte „als erste über die Ziellinie", d.h. die Schülerinnen und Schüler konnten in dem an das Lesen der Texte anschließenden Wissens- und Behaltenstest deutlich mehr Fragen richtig beantworten. Lediglich bei den jüngeren Schülerinnen und Schülern, in einer 9. Klasse zu den Themen „Rentenalter" und „Altersteilzeit", war die Überlegenheit der verständlicher gestalteten Texte nicht ganz so ausgeprägt.

---

* Förster, Ronald (2001). Verständlichkeit von Informationstexten. Eine empirische Überprüfung des Hamburger Verständlichkeitsmodells mit einem Ausblick auf seine Anwendbarkeit in der Computergestützten Informationsvermittlung. Universität Hamburg, Fachbereich Psychologie, Diplomarbeit

** Krebs, Marlis (2002). Das Hamburger Verständlichkeitsmodell: Ein mögliches Hilfsmittel zur Überwindung gesellschaftlicher Dualismen (Zweiheiten)? Universität Hamburg, Fachbereich Psychologie, Diplomarbeit

Programmierte Lehrtexte – keine Alternative

Bisher haben wir verständliche Textfassungen mit den Originaltexten verglichen. Es waren ganz gewöhnliche Texte aus Schule, Wissenschaft und öffentlichem Leben, wie man sie überall findet. Nun ist für den Schulbereich vor ca. drei Jahrzehnten ein neuer, andersartiger Text-Typ entwickelt worden: der programmierte Lehrtext.

Was ist darunter zu verstehen? Bei der Programmierung wird der Lehrstoff in kleine oder kleinste Einzelheiten oder Lernschritte zerlegt. Zu jedem Lernschritt gibt es Aufgaben. Der Leser soll diese Aufgaben sofort lösen und mit der richtigen Lösung (sog. Rückmeldung), die auf der nächsten Textseite abgedruckt ist, vergleichen. Die Lernschritte sind so klein, dass es den meisten Lesern leicht fällt, die zugehörigen Aufgaben richtig zu lösen. Sie haben dadurch immerzu Erfolgserlebnisse, die einen Anreiz geben und die Freude am Lernen fördern sollen. Umfassendere Information bei (20, 21, 29).

Solche Lernprogramme gibt es inzwischen für alle Schultypen und fast alle Schulfächer. Sie haben sich in der Praxis bisher jedoch nicht recht durchgesetzt. Ein Grund dafür mag sein: Es dauert sehr lange, einen programmierten Text herzustellen. Die Programme sind teuer.

Was wollten wir erforschen?

Wir wollten wissen: Lohnt sich der Aufwand, der für Lernprogramme betrieben wird? Lernen Schüler durch einen programmierten Text wirklich mehr? Oder führt ein „normaler" Text von hoher Verständlichkeit zu besseren Schülerleistungen? Und was mögen Schüler lieber lesen, programmierte oder besonders verständliche „normale" Texte (6)?

Wie sind wir vorgegangen?

Die Originaltexte waren also programmierte Lehrtexte. Es handelte sich um vier sog. Eingreifprogramme, die als besonders wirksam und unproblematisch gelten. Die Themen:

- „‚Das‘ oder ‚Dass‘?“ (K. A. Dostal, Braunschweig, 1973)
- „Gruppe – Position – Rolle“ (H. Frickhöfer 1973)
- „Der Kompressor-Kühlschrank“ (K. Weltner u. W. Kunze, Hannover, 1964)
- „Prozentrechnen“ (G. Luscher, D. Pietz und H. Luscher, Braunschweig, 1971).

Fassungen nach dem Konzept der Verständlichkeit

Verständlichkeitsexperten brachten die Inhalte der Originaltexte in eine leicht verständliche „Normalform“. Sie enthielt nicht mehr das, was für programmierte Texte kennzeichnend ist: kleinste Lernschritte, unmittelbare Rückmeldungen, Fragen und Antworten u.a. Ein weiterer wichtiger Unterschied: Die Neufassungen waren ca. 75% kürzer, gemessen an der Zahl der Worte.

Einschätzung durch Beurteiler

Die von Verständlichkeitsexperten verfassten „Normaltexte“ waren nach dem übereinstimmenden Eindruck unabhängiger Beurteiler den programmierten Texten in den vier Merkmalen deutlich überlegen. Oft ergaben sich Unterschiede von mehr als zwei Stufen auf den Beurteilungsskalen. Selbst bei Einfachheit schnitten drei der vier programmierten Texte – die ja schon relativ einfach sind – wesentlich schlechter ab. Besonders schlecht lagen sie bei Kürze/Prägnanz und Gliederung/Ordnung, wodurch eine schnelle Orientierung und die Unterscheidung von Wesentlichem und Unwesentlichem erschwert wird.

Prüfung von Verstehen und Behalten

Leser waren über 600 Schüler und Schülerinnen aus Gymnasien, Haupt-, Real- und Berufsschulen, insgesamt 28 Schulklassen. Wir halbierten jede Klasse. Die eine Hälfte las den programmierten Text, die andere den verständlichen Normaltext. Dabei war sichergestellt, dass sich die Hälften nicht in ihrer Intelligenz unterschieden. Nach dem Lesen kam der Prüftest. Er bestand weitgehend aus Aufgaben, die in der programmierten Fassung als Selbsttestaufgaben vorgesehen sind.

Erfragen von „Gefühlen beim Lesen"

Noch bevor die Schüler den Prüftest bearbeiteten, machten sie in einem Fragebogen Angaben über das, was sie beim Lesen empfunden hatten. Zum Beispiel: „Ich habe alles verstanden." „Ich fand den Text interessant."

Was ist herausgekommen?

Alle vier programmierten Texte führten zu deutlich schlechteren Leistungen als die verständlichen Normaltexte. Im Durchschnitt lösten die Leser der programmierten Fassungen 50% der Testaufgaben, die anderen jedoch 68%.

Die Zeit, die die Schüler zum Durcharbeiten der Texte und zum Lösen der Aufgaben benötigten, war bei den programmierten Texten erheblich länger, zum Teil doppelt so lang! Die Schüler brauchten hier also länger, und trotzdem kam noch weniger dabei heraus.

Die verständlichen Normaltexte kamen besser an. Sie lösten positive Empfindungen aus.

Weniger intelligente Schüler, die die verständlichen Normaltexte lasen, schnitten im Prüftest besser ab als intelligentere Schüler mit programmierten Texten.

Was bedeuten die Ergebnisse?

Wir glauben aufgrund dieser Ergebnisse, dass programmierte Texte nur selten oder nicht mehr verwandt werden sollten. Denn sie lassen sich nur mit viel Aufwand entwickeln. Und sie sind teuer. Der Schüler braucht viel Zeit, um sie zu bearbeiten und lernt trotzdem weniger als bei verständlichen Normaltexten. Außerdem fühlt er sich dabei nicht einmal wohl. All dies spricht gegen die Programmierung und für unser Konzept der verständlichen Textgestaltung.

Die Tauglichkeit unseres Übungsprogramms

Was wollten wir erforschen?

Das Übungsprogramm in Teil I durchzuarbeiten, war bestimmt ein hartes Stück Arbeit für Sie. Vielleicht haben Sie sich dabei gefragt: Lohnt sich dieser Aufwand denn? Gelingt es dadurch wirklich, verständlicher zu schreiben? Gibt es keinen einfacheren Weg?

Hierzu haben wir eine umfangreiche Untersuchung angestellt. Dabei verglichen wir das Übungsprogramm mit anderen Methoden. Wir wollten sehen, ob unser Übungsprogramm wirklich etwas taugt – und ob es mehr taugt als andere Lehrmittel (11).

Wie sind wir vorgegangen?

Die fünf Untersuchungsgruppen: 49 Hauptschullehrer und 94 Psychologiestudenten waren unsere Autoren, die das verständliche Schreiben lernen sollten. Alle bekamen die Aufgabe, einen schwer verständlichen Text verständlicher zu machen und/oder einen Text frei zu gestalten. Vorher teilten wir sie jedoch in fünf vergleichbare Gruppen ein, und mit jeder Gruppe verfuhren wir anders:

Die erste Gruppe erhielt vor dem Schreiben überhaupt *keine Informationen oder Übungen.* Sie arbeitete nach eigenem Gutdünken. Bei dieser Gruppe wollten wir sehen, was für Texte entstehen, wenn wir keine Hilfen geben. Sie bildete einen interessanten Vergleichspartner.

Die zweite Gruppe erhielt von uns *Informationen* über verständliche Textgestaltung, jedoch keinerlei praktische Übungen. Es handelte sich um einen Forschungsbericht über die vier Merkmale – die übliche Art, wissenschaftliche Ergebnisse an Praktiker zu vermitteln. Hier lautete unsere Frage: Genügt es, wenn man wissenschaftlich begründete Informationen über günstige Textgestaltung liest? Kann dies allein schon die Ausdrucksweise des Lesers verständlicher machen?

Die dritte Gruppe erhielt von uns ebenfalls die Informationen über unser Verständlichkeitskonzept, zusätzlich machte diese Gruppe auch einige praktische Übungen: Sie lernte, die vier Merkmale an Texten richtig wahrzunehmen und zu beurteilen. Es handelte sich also um eine *Kurzfassung unseres Übungsprogramms* aus Teil I, ohne die Übungen, die eigenes Schreiben erforderten. Unsere Frage: Genügt dies? Sind die Übungen im Verbessern und freien Gestalten von Texten entbehrlich?

Die vierte Gruppe bearbeitete das *ganze Übungsprogramm*, so wie Sie es in Teil I kennen gelernt haben. Würde diese Gruppe besser abschneiden als die Übrigen?

Die fünfte und letzte Gruppe bearbeitete *Reiners' Stilfibel* – ein in hoher Auflage verbreitetes Buch (27), das ein ähnliches Ziel wie unser Übungsprogramm anstrebt. Hier wollten wir das Neue (unser Programm) an bereits Bestehendem (der Stilfibel) messen. Nun noch einmal die fünf Untersuchungsgruppen im Überblick:

- kein Lehrmittel,
- nur Informationen (Forschungsbericht),
- Informationen 1 Übungen im Einschätzen der vier Merkmale (Kurzfassung des Übungsprogrammes),
- das ganze Übungsprogramm,
- Reiners' Stilfibel.

Einschätzung der Texte

Alle in den fünf Gruppen entstandenen Texte wurden wie üblich von unabhängigen, geschulten Beurteilern nach den vier Merkmalen eingeschätzt. Anhand der Merkmalswerte stuften wir dann nach bestimmten Regeln jeden Text als „leicht verständlich", „mäßig verständlich" oder „schwer verständlich" ein.

Was ist herausgekommen?

Welche Gruppe schrieb die meisten leicht verständlichen Texte? Das können Sie aus der nachfolgenden Tabelle entnehmen. Sie gibt an, wie viel Prozent der Gruppe leicht, mäßig oder schwer verständliche Texte erstellte.

Lehrmittel	leicht verständlich	mäßig verständlich	schwer verständlich
Übungsprogramm	60%	35%	5%
Kurzfassung des Übungsprogramms	31%	40%	29%
Forschungsbericht	13%	26%	61%
Stilfibel	7%	23%	70%
kein Lehrmittel	7%	39%	54%

Die Ergebnisse sind eindeutig: Das Übungsprogramm ist der klare Gewinner. Teilerfolge erzielte auch die Kurzfassung unseres Programms. Alle anderen Maßnahmen kommen unter „ferner liefen". Sie hatten keinen nennenswerten Erfolg.

Was bedeuten die Ergebnisse?

Die Ergebnisse bestätigen unsere Annahmen in wesentlichen Punkten:

- *Ohne* besondere Schulung ist nur eine Minderheit in der Lage, leicht verständliche Texte zu verfassen. Dies gilt auch für Lehrer, die ja eigentlich Fachleute auf dem Gebiet der Wissensvermittlung sein sollten.
- Ratschläge und Informationen darüber, wie man sich leicht verständlich ausdrückt, nützen sehr wenig. Das zeigen die Ergebnisse *der* Lehrer und Studenten, die den Forschungsbericht oder die Stilfibel bearbeitet haben.
- Einen *gewissen* Erfolg erreicht man, indem man eine Anzahl von vorbildlich gestalteten Texten genau untersucht und dabei gezielt auf die wesentlichen Merkmale der Verständlichkeit achtet. Ein solches *Lernen am Vorbild* ermöglichte die Kurzfassung des Übungsprogrammes.
- Aber erst das Selbermachen, das praktische Üben, das schrittweise sich Annähern an das Vorbild bringen den vollen Erfolg. Dieses bietet nur das vollständige Übungsprogramm.

Der Nutzen der Kleingruppenarbeit

Bei unseren Untersuchungen stellten wir immer fest: Auch wenn ein Text sehr verständlich geschrieben war, gab es doch stets einige Leser, die trotzdem einen Teil der Information nicht richtig aufnahmen. In Schulen, Hochschulen und ähnlichen Einrichtungen hilft hier u. a. die Kleingruppenarbeit weiter – so, wie wir sie in Teil II beschrieben haben. Vielleicht haben Sie Bedenken, ob eine derartige Kleingruppenarbeit im Anschluss an das Lesen von Lehr- und Informationstexten für das Verstehen und Behalten und die gefühlsmäßige Befriedigung der Lernenden wirklich wichtig ist. Ob nicht unnötig Zeit vergeudet wird. Diese Bedenken haben wir in Untersuchungen geprüft. Reinhard und Anne-Marie Tausch haben in ihrem Buch „Erziehungspsychologie" (35) ausführlich darüber berichtet. Wir teilen hier in kurzer Form die Ergebnisse von drei unserer Untersuchungen mit (32, 33, 34).

Lehrtext oder Lehrtext mit Kleingruppenarbeit?

160 Schüler des 6. Schuljahres lasen einen leicht verständlichen Text über verschiedene Verbrechen. Anschließend bildete die Hälfte der Schüler kleine Gruppen, in denen sie sieben Minuten lang das Gelesene besprachen. Danach beantworteten alle Schüler einzeln schriftliche Fragen zum Text. Ergebnisse:

- Schüler, die in Kleingruppen mitgearbeitet hatten, hatten durchschnittlich mehr verstanden und behalten als die übrigen.
- Bei schwachen Schülern waren die Unterschiede am größten. Das bedeutet, besonders die schwachen Schüler profitieren von der Kleingruppenarbeit – aber ohne dass die besseren sich dadurch verschlechtern!

Lehrtext mit Kleingruppenarbeit oder Lehrtext mit Einzelarbeit?

300 Schüler und Schülerinnen aus 6. Hauptschulklassen lasen zwei leicht verständliche Biologie-Texte. Danach besprach ein Teil von ihnen die Texte in Kleingruppen. Die Übrigen beschäftigten sich weiter mit den Texten – jeder für sich. Unmittelbar danach und eine Woche später

prüften wir, was an Wissen „hängen geblieben“ war. Wiederum lautete das Ergebnis: Die Kleingruppenarbeit führte zu deutlich besseren Leistungen als die Einzelarbeit.

Kleingruppenarbeit oder Einzelarbeit oder Frontalunterricht?

Über 600 Hauptschüler aus ländlichen Bezirken lasen Lehrtexte. Anschließend diskutierte ein Teil der Schüler in Kleingruppen, ein anderer Teil arbeitete still am Text weiter (Durchdenken, Einprägen, nochmaliges Lesen). Mit dem dritten Teil behandelte der Lehrer den Text noch einmal im Frontalunterricht (das ist das Fachwort für den herkömmlichen Unterricht, bei dem der Lehrer mit der ganzen Klasse arbeitet, vorträgt, Fragen stellt usw.). Die Lehrtexte hatten denselben Inhalt, waren aber unterschiedlich verständlich formuliert. In jeder der drei Schülergruppen gab es leicht und schwer verständliche Texte. Ergebnisse:

- Bei leicht verständlichem Text waren die Kleingruppen-Schüler den anderen überlegen. Die Überlegenheit gegenüber den frontal unterrichteten Schülern war gering, der Unterschied zu den Einzelarbeitern jedoch deutlich.
- günstig wirkte sich die Kleingruppenarbeit wieder bei den schwächeren Schülern aus, aber nicht zu Lasten der guten Schüler.
- Nur bei schwer verständlichem Text schnitt der Frontalunterricht am besten ab.

Freude am Lernen

Wir führten noch eine Reihe weiterer Untersuchungen durch, alle mit ähnlichen Ergebnissen. Aber nicht nur Verstehen und Behalten wird durch Kleingruppenarbeit entscheidend gefördert. Die Schüler empfinden bei dieser Arbeitsform auch mehr Freude am Lernen. Leider geben die Forschungsergebnisse Ihnen nur einen schwachen Eindruck von den tatsächlichen Vorgängen. Wir wünschten, Sie könnten eine Schüler-Kleingruppe bei der Arbeit erleben. Sie wären beeindruckt von der Aktivität und den vielen guten eigenen Ideen, die manche Schüler nach dem Lesen verständlicher Texte in der Gruppe entwickeln.

Zusammenfassung und Schlussfolgerungen

Die Forschungsergebnisse

Zum Thema „Verständlichkeit“ haben wir umfangreiche Forschungsarbeiten durchgeführt: Außer uns beteiligten sich 14 weitere Wissenschaftler. Über 200 Texte zu mehr als 30 Themen der verschiedensten Bereiche wurden an ca. 4500 Lesern geprüft. Die Ergebnisse waren eindeutig: Alle wesentlichen Gedanken und Empfehlungen aus dem ersten Teil unseres Buches erwiesen sich als zutreffend. Wir fassen hier das Wichtigste zusammen.

Die Entdeckung der vier Merkmale

In zwei unserer ersten Untersuchungen ließen wir insgesamt 94 Texte über vier Themen von unabhängigen Beurteilern einschätzen. Sie benutzten dabei Listen von Eigenschaftspaaren wie z. B. „folgerichtig – zusammenhanglos“, „zu kurz – zu lang“, „übersichtlich – unübersichtlich“. Diese Eigenschaften fassten wir mit Hilfe der sog. Faktorenanalyse zusammen zu vier übergeordneten Merkmalen – den Merkmalen der Verständlichkeit: Einfachheit, Gliederung/Ordnung, Kürze/Prägnanz und Anregende Zusätze. Damit waren die Merkmale entdeckt, die sich immer wieder als entscheidend für die Verständlichkeit von Sachtexten erwiesen.

In einem zweiten Schritt dieser Untersuchungen lasen mehr als 1200 Schüler des 5. bis 7. Schuljahres die verschiedenen Textfassungen und bearbeiteten danach Fragen und Aufgaben zum Inhalt. Wie viel die Schüler vom Text verstanden und behielten, hing mit den vier Merkmalen zusammen. Am besten schnitten Texte von hoher Einfachheit und Gliederung/Ordnung sowie gewisser Kürze/Prägnanz ab. Anregende Zusätze förderten das Verständnis nur in Verbindung mit deutlicher Gliederung/Ordnung.

Verbesserung von Originaltexten

Mit den folgenden drei Untersuchungen stellten wir unsere vorläufige Verständlichkeitstheorie auf eine breitere Grundlage. 20 Originaltexte – aus dem öffentlichen Leben, aus Schulbüchern und wissenschaftlichen Artikeln – wurden von Verständlichkeitsexperten sprachlich neu gestaltet. Die neuen, verbesserten Fassungen enthielten – nach dem übereinstimmenden Eindruck unabhängiger Beurteiler – die vier Merkmale der Verständlichkeit in günstigeren Ausprägungen. Besonders in Einfachheit und Gliederung/Ordnung wiesen die Originaltexte schwere Mängel auf. Dann teilten wir verschiedene Lesergruppen – Schüler, Studenten, Berufstätige – in jeweils zwei vergleichbare Hälften auf. Die eine Hälfte las den Original-Text, die andere die verbesserte Fassung. Anschließend prüften wir bei allen, was sie vom Text verstanden hatten:

- Alle 20 verbesserten Fassungen wurden von ihren Lesern besser verstanden als die Originale. Die Unterschiede waren zum Teil beträchtlich. Im Durchschnitt nahmen die Leser der verbesserten Fassungen etwa 50% mehr wichtige Informationen auf als die Leser der Originale.
- Die Unterschiede im Verstehen und Behalten waren im Allgemeinen umso größer, je mehr sich Original und verbesserte Fassung in den vier Merkmalen unterschieden.
- Auch auf die Gefühle während des Lesens hatten die vier „Verständlichmacher“ einen günstigen Einfluss. Allerdings war dieser Zusammenhang nicht so stark wie beim Verstehen und Behalten, und er trat auch nicht bei jedem Text auf.
- Leser unterschiedlicher Intelligenz, Schulbildung oder Ausbildungsstufe profitierten in gleicher Weise von mehr Verständlichkeit.

Lesen verschiedener Texte hintereinander

Mit diesem Experiment wollten wir uns der Wirklichkeit mehr annähern, indem wir unsere Leser rasch hintereinander Informationen ganz unterschiedlichen Inhalts lesen ließen. Acht veröffentlichte kurze Texte aus verschiedenen Bereichen wurden ausgewählt und von Experten sprachlich neu gestaltet. Diese acht neuen Textfassungen hatten – nach dem übereinstimmenden Eindruck unabhängiger Beurteiler – sämtlich günstigere Werte in den vier Merkmalen als die Originale. 64 Primanerinnen lasen diese Texte – jede las vier Originale und vier

Neufassungen. Anschließend prüften wir wieder, was sie verstanden und behalten hatten. Ergebnis: Sechs der acht verbesserten Fassungen wurden deutlich besser verstanden.

Programmierte Lehrtexte – keine Alternative

In einer weiteren Untersuchung verglichen wir leicht verständliche Neufassungen mit sog. programmierten Lehrtexten. Wir wählten dazu vier programmierte Schulbuchtexte aus. Die Themen gehörten in die Fächer Deutsch, Mathematik, Physik und Sozialkunde. Experten erstellten Neufassungen, die von unabhängigen Beurteilern übereinstimmend als günstiger in den Merkmalen Einfachheit, Gliederung/Ordnung und Kürze/Prägnanz eingeschätzt wurden. Dann halbierten wir eine Gruppe von 666 Schülern aus Haupt-, Berufs-, Realschulen und Gymnasien. Eine Hälfte las die programmierten Originaltexte, die andere Hälfte die verständlichen Neufassungen. Im anschließenden Prüftest zeigte sich: Die Leser der nach unserem Konzept gestalteten Neufassungen erreichten im Durchschnitt erheblich bessere Lernleistungen als die übrigen, und das auch noch in erheblich kürzerer Arbeitszeit. Ferner: Unsere Neufassungen kamen bei den Schülern gefühlsmäßig besser an, sie hatten mehr Freude und Interesse an der Arbeit.

Die Tauglichkeit unseres Übungsprogrammes

Kann man das verständliche Schreiben, das sich als so wichtig erwiesen hat, lernen? Und wie lernt man es am besten? Ist unser Übungsprogramm aus Teil I dafür wirklich am besten geeignet? Dazu führten wir folgende Untersuchung durch: Aus 49 Hauptschullehrern und 94 Studenten bildeten wir fünf Untersuchungsgruppen. Die erste Gruppe erhielt keine Lehrmittel über verständliche Textgestaltung. Die zweite Gruppe las einen wissenschaftlichen Forschungsbericht zu diesem Thema. Die dritte Gruppe bearbeitete eine Kurzfassung unseres Übungsprogramms – ohne die Übungen, die eigenes Schreiben verlangten. Die vierte Gruppe bearbeitete das ganze Übungsprogramm. Die fünfte Gruppe studierte Reiners' Stilfibel. Danach forderten wir alle auf, einen schwer verständlichen Text zu verbessern und/oder einen Text selbst frei zu gestalten. Die so entstandenen Texte ließen wir von unabhängigen Beurteilern nach den Merkmalen der Verständlichkeit einschätzen. Ergebnisse: Eindeutiger Sieger wurde unser Übungsprogramm.

Es befähigte die meisten Untersuchungspersonen zu verständlicher Textgestaltung. Teilerfolge ließen sich auch mit der Kurzfassung erzielen. Alle anderen Maßnahmen brachten keinen nennenswerten Erfolg.

Die Vorzüge unseres Verständlichkeitskonzeptes

Wir stellen hier noch einmal im Überblick zusammen, worin wir die Vorzüge unseres Verständlichkeitskonzeptes sehen:

Überall anwendbar: Unser Verständlichkeitskonzept gilt für Texte und Leser aller Art. Es ist vom Inhalt und vom Bildungsgrad der Leser weitgehend unabhängig. Man kann es ebenso auf Bedienungsanleitungen für Küchengeräte wie auf wissenschaftliche Arbeiten anwenden. Auf Schulbücher und Gesetzestexte, auf Beratungsbroschüren und Verträge. Gute und schwache Schüler, Studenten und Berufstätige jeden Alters und mit jedem Schulabschluss profitieren gleichermaßen von verständlicher Textgestaltung.

Umfassend: Die vier Merkmale umfassen alle wesentlichen Gesichtspunkte der Verständlichkeit. Wir vertreten keinen einseitigen Ansatz, der nur einzelne Gesichtspunkte berücksichtigt, während andere unberücksichtigt bleiben. Es sind uns während unserer dreißigjährigen Forschungsarbeit keine weiteren Merkmale außer den vier „Verständlichmachern" bekannt geworden.

Messbar: Die Verständlichkeit eines Textes lässt sich durch Schätzurteile in Zahlen ausdrücken. Jeden Text kann man durch vier Werte kennzeichnen. Dadurch wurde unser Konzept wissenschaftlicher Überprüfung zugänglich.

Handlich: Unser Konzept lässt sich in der alltäglichen Praxis leicht anwenden. Ein geschulter Leser kann unmittelbar nach dem Durchlesen eines Textes ein fundiertes Urteil über die Verständlichkeit abgeben. Und ein geschulter Schreiber kann ohne besonderen Aufwand die vier Merkmale berücksichtigen und leicht verständliche Texte verfassen.

Erlaubt genaue Diagnose: Ist ein Text schwer verständlich, so erlaubt der Blick auf die vier Merkmalswerte eine genaue Diagnose, woran es hapert. Mangelt es z.B. an Einfachheit? An Gliederung/Ordnung? Oder an Kürze/Prägnanz? Oder an allen dreien?

Wissenschaftlich geprüft: In umfangreichen wissenschaftlichen Untersuchungen konnten wir belegen, dass die vier Merkmale tatsächlich das Verstehen und Behalten entscheidend beeinflussen. Wir geben also keine ungeprüften Ratschläge. Unsere Theorie hat sich der praktischen Überprüfung gestellt – mit eindeutigem Erfolg.

Leicht lernbar: Mit unserem Übungsprogramm kann jeder, der es wünscht, in kürzerer Zeit lernen, die vier Merkmale beim Schreiben und Sprechen besser zu berücksichtigen, und das bedeutet, sich verständlicher auszudrücken.

Wünsche zum Abschluss

Wir möchten das Buch mit einigen Wünschen abschließen. Sie richten sich an Schreiber und Redner, an Lehrer aller Schularten, an Mitarbeiter von Schulbehörden, Textautoren in Behörden und Ministerien sowie an Leser und Zuhörer.

Schreibern und Rednern wünschen wir, dass sie sich um mehr Verständlichkeit bemühen, dass sie sich in die seelische Situation, auch in die Schwierigkeiten der Leser und Hörer einfühlen und deren Erfahrungshintergrund berücksichtigen. Dies würde das Leben vieler Menschen sehr erleichtern. Nicht nur an Schulen und Universitäten, sondern in allen Bereichen, wo Informationen vermittelt werden. Es gibt so viel zu lernen und zu verstehen. Zeitverschwendung, unnötiger Arbeitsaufwand und Entmutigungserlebnisse beim „Entschlüsseln" unverständlicher Sätze – das sollte Lesern und Hörern erspart bleiben. Wenn Schreiber und Redner auch persönliche Gedanken und Gefühle zu einem Sachverhalt äußern, trägt dies zu einer persönlichen und belebenden Verbindung zum Leser/Hörer bei. Die damit verbundene Erhöhung der Aufmerksamkeit und Verständnisbereitschaft für das Thema ist insbesondere in Schulen und Ausbildungsstätten eine sehr förderliche Lernbasis.

Den Lehrern, wo immer sie arbeiten mögen, wünschen wir, dass sie verständliche Lehrtexte selbst herstellen und verständlichere Schulbücher verwenden. Die Schüler und Studenten werden es ihnen mit besseren Leistungen danken.

Den Verantwortlichen in den Schulbehörden, die über die Zulassung von Lehrbüchern für den Unterricht entscheiden, wünschen wir, dass sie mehr berücksichtigen, ob ein Buch verständlich ist. Schlecht verständliche Schulbücher erschweren Schülern und Lehrern unnötig die Arbeit und sollten nicht mehr zugelassen werden.

Lesern und Zuhörern schließlich wünschen wir, dass sie Unverständlichkeit nicht länger als notwendig hinnehmen oder gar als Zeichen besonderer Gelehrsamkeit ansehen. Kaufen Sie möglichst keine unnötig schwer verständlichen Bücher, durch die Sie sich hindurchquälen müssten. Wenn es schon passiert ist, schreiben Sie dem Verlag, wie es Ihnen beim Lesen ergangen ist und bitten Sie, Ihren Brief an den oder die Autoren weiterzuleiten. Dadurch leisten Sie einen wichtigen Beitrag, dass bei der nächsten Auflage oder beim nächsten Buch in dem Verlag achtsamer mit den Bedürfnissen der Leser umgegangen wird.

Literatur

Literatur über unser Verständlichkeitskonzept

1 Bartels, M. (2001): Zum Hamburger Verständlichkeitskonzept – Meine Erfahrungen damit in den letzten 30 Jahren. In: Langer, I. (Hrsg.): Menschlichkeit und Wissenschaft. Festschrift zum 80. Geburtstag von Reinhard Tausch, GwG-Verlag, Köln, 399–412

2 Langer, I. (1979): Verständliche Gestaltung von Fachtexten. In: Mentrup, W. (Hrsg.): Fachsprachen und Gemeinsprache. (Jahrbuch des Instituts für Deutsche Sprache; Sprache und Gegenwart; Bd. 46). Pädagogischer Verlag Schwann, Düsseldorf

3 Langer, I. (1999): Verständlichkeit ist lernbar. Ein Gespräch zwischen Jörg Hennig und Inghard Langer. In: Hennig, J., Tjarks-Sobhani, M. (Hrsg.): Verständlichkeit und Nutzungsfreundlichkeit technischer Dokumentation, Schmidt-Römhild, Lübeck, 64–77

4 Langer, I., Tausch, R. (1972): Faktoren der sprachlichen Gestaltung von Wissensinformationen und ihre Auswirkungen auf die Verständnisleistungen von Schülern. Schule u. Psychologie, 18, 72–80

5 Langer, I., Schulz von Thun, F., Meffert, J., Tausch, R. (1973): Merkmale der Verständlichkeit schriftlicher Informations- und Lehrtexte. Z. f. exp. u. angew. Psychol., 20, 269–286

6 Schmerder, W., Tausch, R. (1978): Schulbuchtexte: programmiert oder leserzentriert gestaltet? Z. f. Entwicklungspsychol. u. Pädagog. Psychol., X, 18–25

7 Schulz von Thun, F. (1981): Miteinander reden: Störungen und Klärungen. Psychologie der zwischenmenschlichen Kommunikation. Rowohlt, Reinbek, 140–155

8 Schulz von Thun, F., Goebel, G., Tausch, R. (1973): Verbesserung der Verständlichkeit von Schulbuchtexten und Auswirkungen auf das Verständnis und Behalten verschiedener Schülergruppen. Psychol. in Erzieh. u. Unterr., 20, 223–234

9 Schulz von Thun, F. (1974): Verständlichkeit von Informationen: Messung, Verbesserung, Validierung. Z. f. Sozialpsychol. 5, 124–132

10 Schulz von Thun, F., Berghes, M. v., Langer, I., Tausch, R. (1974): Überprüfung einer Theorie der Verständlichkeit: Verbesserung der Verständlichkeit von Kurzzusammenfassungen wissenschaftlicher Veröffentlichungen. Z. f. Entwicklungspsychol. u. Pädagog. Psychol. 6, 192–206

11 Schulz von Thun, F., Eckelmann, M., Grüner, M., Straub, R. (1974): Überprüfung eines Trainingsprogramms zur Förderung der Verständlichkeit bei der schriftlichen Informationsvermittlung. Hamburg

12 Schulz von Thun, F., Weitzmann, B., Langer, I., Tausch, R. (1974): Überprüfung einer Theorie der Verständlichkeit anhand von Informationstexten des öffentlichen Lebens. Z. f. exp. u. angew. Psychologie 21, 162–179
13 Schulz von Thun, F., Enkemann, J., Leßmann, H., Steller, W. (1975): Verständlich informieren. – Ein Trainingsprogramm für Schüler. Freiburg, 1975
14 Schulz von Thun, F., Götz, W. (1976): Mathematik verständlich erklären. München
15 Steinbach, I., Langer, I., Tausch, R. (1972): Merkmale von Wissens- und Informationstexten im Zusammenhang mit der Lerneffektivität. Z. f. Entwicklungspsychol. u. Pädagog. Psychol. 4, 130–139
16 Tausch, R. (1971): Dimensionen der sprachlichen Darstellung von Lehr- und Informationsinhalten durch Lehrer-Dozenten und Auswirkungen auf Schüler-Studierende. Die Deutsche Schule 1, 18–25

Literatur über ältere Ansätze

17 Ausubel, D. P. (1968): Educational psychology. A cognitive view. New York
18 Berlyne, D. E. (1960): Conflict, arousal and curiosity. New York
19 Bruning, R. H. (1968): Effects of review and testlike events within the learning of prose materials. J. Educ. Psychol. 59, 16–19
20 Correll, W. (1965) (Hrsg.): Programmiertes Lernen und Lehrmaschinen. Westermann, Braunschweig
21 Crowder, N. A. (1960): Automatic tutoring by intrinsic programming. In A. A. Lumsdaine, R. Glaser (Hrsg.), Teaching machines and programmed learning. Washington D. C.: National Education Association of the United States
22 Farr, N. J., Jenkins, J. J., Paterson, D. G. (1951): Simplification of Flesch reading ease formula. J. appl. Psychol. 35, 333–337
23 Flesch, R. A. (1948): A new readability yardstick. J. appl. Psychol. 32, 221–223
24 Flesch, R. A. (1949): The art of readable writing. New York
25 Gagné, R. M., Rohwer, W. D. (1969): Instructional psychology. Annual Rev. of Psychol. 20, 381–418
26 Groeben, N. (1972): Die Verständlichkeit von Unterrichtstexten. Münster
27 Reiners, L. (1969): Stilfibel. Der sichere Weg zum guten Deutsch. München
28 Rothkopf, E. Z., Bisbicos, E. E. (1967): Selective facilitative effects of interspersed questions an learning from written materials. J. of Educ. Psychol. 58, 56–61
29 Skinner, B. F. (1954): The science of learning and the art of teaching. Havard Educational Review, 24, 86–97

30 Teigeler, P. (1968): Verständlichkeit und Wirksamkeit von Sprache und Text. Stuttgart
31 Wieczerkowski, W., Alzmann, O., Charlton, M. (1970): Die Auswirkungen verbesserter Textgestaltung auf Lesbarkeit, Verständlichkeit und Behalten. Z. f. Entwicklungspsychol. u. Pädagog. Psychol. 2, 257–268

Literatur über Unterrichtsgestaltung

32 Bel-Born, B. van, Bödiker, M.-L., May, P., Teichmann, U., Tausch, R. (1976): Erleichterung des Lernens von Schülern durch Kleingruppenarbeit in Erdkunde, Biologie und Physik, im Vergleich zur Einzelarbeit. Psychol. in Erz. u. Unterr. 23, 131–136
33 Langer, I., Schulz von Thun, F., Tausch, R. (1973): Förderung leistungsschwacher Schüler durch kurzzeitige Kleingruppendiskussion im Anschluss an das Lesen eines Lehrtextes. Psychol. in Erzieh. u. Unterr. 20, 156–162
34 Langer, I., Schoof-Tams, K. (1976): Auswirkungen von Lehrerfrontalunterricht, Schülereinzelarbeit und Kleingruppenarbeit nach Lehrtexten unterschiedlicher Verständlichkeit auf die Wissens- und Behaltensleistungen von Hauptschülern verschiedener Leistungsgruppen. Psychol. in Erz. u. Unterr. 23, 21–28
35 Tausch, R., Tausch, A.-M. (1999): Erziehungspsychologie – Begegnung von Person zu Person. 11. Aufl., Hogrefe, Göttingen

Literatur über Forschungsmethodik

36 Langer, I. (1983): Verständlich informieren – Ein Beispiel empirischer Forschung. In: Fittkau, B.: Pädagogisch-psychologische Hilfen für Erziehung, Unterricht und Beratung. Bd. 2., Agentur Pedersen, Paderborn, 378–401
37 Langer, I. (2000): Das Persönliche Gespräch als Weg in der psychologischen Forschung. GwG-Verlag, Köln
38 Langer, I., Schulz von Thun, F. (1974): Messung komplexer Merkmale in Psychologie und Pädagogik. Ernst Reinhardt, München

Literatur zum personzentrierten Schreiben und Reden

39 Schwab, R., Tausch, A.-M. (1975): Die Fernsehreihe „Das Wort zum Sonntag“, eine empirisch-psychologische Untersuchung ihrer Wirkungsbedingungen. Publizistik, 3, 794–801
40 Schwab, R., Tausch, A.-M. (1970): Merkmalsdimensionen „Sprachliche Klarheit“ und „Fortschrittliche Einstellung“ in ihrer Bedeutung für die Wirksamkeit von Texten (Rundfunkandachten). Zeitschrift für Entwicklungspsychologie und Pädagogische Psychologie, II, 1, 15–27
41 Stosch, T. (1982): Personzentriertes Sprechen in der Politik. Zeitschrift für Personzentrierte Psychologie und Psychotherapie, 1, 111–122